◆ 叡 知 シ リ ー ズ ◆

パラマハンサ・ヨガナンダの

成功の黄金律

パラマハンサ・ヨガナンダ［著］

廣 常 仁 慧［訳］

THE WISDOM OF YOGANANDA, VOLUME4

HOW TO BE A SUCCESS

Paramhansa Yogananda

三 雅

HOW TO BE A SUCCESS

by Paramhansa Yogananda

Crystal Clarity, Publishers, 14618 Tyler Foote Road,
Nevada City, California 95959. Tel 530-478-7600.
www.crystalclarity.com
Japanese translation published by arrangement with
Crystal Clarity Publishers
through The English Agency (Japan) Ltd.

パラマハンサ・ヨガナンダの

成功の黄金律

目次

Contents

第1章 成功者の特質

ヨガナンダと同行者、タージマハールにて

富の知られざる流域を浮かび上がらせ、想像を絶する富の水源へと導く、そうしたパワーというものはあるのだろうか？　我々に、健康や幸福そして霊的覚醒を与える知られざるパワーというものはあるのだろうか？　そのようなパワーが存在すると、インドの聖者や賢者は教えてきました。聖者たちは我々が気付かないか、あるいは忘れてしまった真理を発見したのです。そしてもし、それを知ろうと誠実に試みるなら、我々もまたその真理を発見できるのです。

人生の成功は、生まれつきの能力だけに依存しているわけではありません。あなたにもたらされる機会《チャンス》を是非とも捉えるという決意にもよります。人生における機会は偶然にめぐってくるのではなく、創りだされるものなのです。そうした機会は、**あなた**によって、現在か、最近の、あるいは遠い過去のある時点に創りだされているのです。そうした機会はあなたによってもたらされているのですから、それを有効に使うべきです。もし、意識をその

1

The Attributes of Success

時々に一番必要とされるものに集中し、そのチャンスを生かすための能力や入手可能な情報を利用するなら、現在、さらには将来において、人生をより価値あるものにできます。人は神から与えられた**あらゆる**パワーを、存在の最奥のフォースからやって来る無限のパワーを、より強固なものにしていかなければなりません。

あなたの想いによって、つまり**成功と失敗のどちらへの想いが強いかによって**、そのいずれかがもたらされることになるのは避けられません。ですから、あなたは自分自身の計画を全面的に信頼し、その計画を実行するために才能を使い、神があなたを通し働くことができるよう心を開いておかなければなりません。神の法則はいつも働いているので、成功するか失敗するかは、あなたが自分の**習慣的に**抱く想念のあり方によって作りだされているのです。もし思考の流れが通常ネガティブであるなら、ポジティブな思考を時たまする程度では、その波動を成功の波動に変えるには、十分とは言えないでしょう。

問題点を抱えていつも思い悩むのはよくありません。ときには放って置きなさい。そうすればいつの間にか解消していることがあります。しかし、あなたの計画全体を見失うほど長く放置しないよう気をつけてください。むしろ、あなたの精神的また肉体的努力の一時的中断状態を利用して静かな内なる真我の王国に深く入っていってください。あなたが自分の魂と調和しているなら、行為のすべてに正しい思考をもつことができるでしょう。たとえ思考や行動が迷走したとしても、正しく元に戻すことができるのです。

⚜意志のもつ強力なパワー

成功するためには、ポジティブな思考と同時に、意志と活動の継続性が必

1

The Attributes of Success

要とされます。人の目にするものすべては、意志の表現された結果です。しかし、その意志のパワーがいつも意識的に使われているわけではありません。意志には意識的な意志と同時に機械的な意志もあるのです。すべてのパワーの発生源は意志の作用つまり意志のパワーでできており、意志の作用なしには、歩くことも、話すことも、働くことも、考えることも、感じることもできません。このエネルギーを**使うまい**とすれば、人は横になってすこしも動かないようにしなければなりません。手を動かすのさえ、意志を使います。このパワーを使うことなく生きることは不可能です。

強力な意志力を養うためには、人生であなたができそうにないと思うようなことをする決意をしてください。まず簡単な仕事から試みます。そうすれば自信がつき、意志がより強力になるにつれて、より困難な事業に取り組むことができます。選択が正しいことを確かめること、そして、失敗にくじけてはなりません。物事を達成するには、わき目もふらずすべての意志のパワーを、一度にひとつの対象に集中する必要があります。エネルギーを分散させたり、何かを中途半端に途中でやめて新しい事業を始めたりしてはなりません。

自分自身を完成へと導くためには、意志力を使ってください。精神の力をもっともっと信頼しなければなりません。なぜなら精神が、あなたの身体を取りまく環境を作りだしているからです。強力な思考を保持することは、外部へと具体的な形として現れるまでその思考を抱いているということです。意志力がそのように発露し、意志力により運命をコントロールできるようになってはじめて、大きなことを成し遂げることができるのです。

左記に提示したのは、意志を強力なものにするための三つの重要な法則です。

1．今までマスターしたことのないもので、それを果たそうと決意できる何か簡単な仕事や技能を選ぶ。

2．選んだものが間違いなく何か建設的で実現可能性があることを確かめ、失敗することを決して考えない。

3．それを推進するために、すべての能力と、あらゆる機会を利用して、ひとつの目的に努力を集中する。

機械のように無意識的ではなく、意識的に意志を使うよう自分自身を訓練してください。決して意志力が、攻撃的な目的やつまらないもののために使われないようにしなければなりません。いつも、あなたの望むものは必ず自分にとって正しいものでなければなりません。その上で、いつも心を、神、すなわち、あらゆるものの「大いなる源《ソース》」から離れないようにしながら、最大限の意志力を目的達成のために使ってください。

⚜生命エネルギーと意志力

人間の頭脳は生命エネルギーの貯蔵庫です。そのエネルギーは常時、筋肉の動き、心臓、肺、横隔膜、細胞代謝、血液の化学的処理機能に使用され、また、神経の感覚電動システムを機能させるのにも使用されます。

生命エネルギーは精神、感情、そして身体によって使われます。というのも、それは思考、感覚、肉体活動のすべてのプロセスに関わっているからです。**意志が大きければ大きいほど、肉体のどの部分においてであれ、生命エネルギーの量は大きくなります。**

意志力の最大の敵のひとつが恐れです。思考と行動の両面において、それを避けなければなりません。恐れによって神経が麻痺状態に陥る時、神経を安定的に流れていた生命力はすっかり失われてしまい、肉体の生気はなえてしまいます。恐れは意志力を麻痺させるのです。恐れがやって来ると、脳は全器官への情報伝達を放棄します。心臓は機能不全に陥り消化力やその他多くの器官に障害を生じさせます。人は注意深くなければなりませんが、決して恐れに囚われてはなりません。

⚜激励としての失敗

失敗でさえ意志力への、あるいは物質的であれ霊的であれその成長への激励とすべきです。失敗の原因を取り除き、前に倍する勢いで成就したいものに邁進するのです。**失敗の続く季節《とき》は、新しい成功の種を蒔く時です。**

環境の過酷さがあなたを痛めつけるかもしれません。しかし、うなだれないでください。どんな時も**もう一度**やって見るのです。何度失敗しても関係ありません。もはや戦えないと思った時に戦いなさい。ついにあなたの努力が成功の栄冠を勝ち取るその時まで戦うのです。失敗の後新たに試みる時は、十分に計画し、以前に増して注意深さと強力な意志力を集中させなければなりません。

例えば、AとBが長い間戦っていて、Aは「もうこれ以上戦えない」と思ったとします。Bは思います「もうひとつだけでもパンチをお見舞いしよう」と。Bはそうした。そしてAは倒れた。そんな最後の一打を繰り出してください。意志の力を使うのです。

成功した人は、他の人々より、より困難があったかもしれない。しかし、そうした人はそのことに触れません。そうした人は、失敗という考えそのものを決して受け入れないのです。

もし人が、意識の方向性を失敗から成功へ、不安から沈着へ、心の迷いから集中へ、焦燥から平和へ、平和から内側の神なる至福の意識へと変えていく方法を知らないなら、全人生の努力は報われることはありません。しかし

1

The Attributes of Success

もし、これを制御できるなら、人生の目的は、栄光のうちに成就することになります。

今までのところ、あなたの人生が失敗続きだと想像してみてください。失敗を運命の定めとして受け入れて、努力を諦めてしまうのは愚かなことではないでしょうか。何かまだ達成すべき可能性があるなら、努力を諦めるより努力しながら死んだ方がましです。死んだ後、あなたの努力はやがて次の人生に引き継がれてゆくのですから。成功であれ失敗であれ、行為の蓄積、つまりあなたが過去生で為したことや、さらに今生で為すことの結果としてしかやって来ません。ですから成功するには、過去生からの成功想念がすべからく動員され、その想念が、ともすれば失敗へと傾く傾向をついに陵駕するまで活性化されなければならないのです。

⚜自己分析

もうひとつの進化の秘密は自己分析にあります。内省は、あなたの心のすみずみを映す鏡です。内省なしにその姿に気付くことはないでしょう。自分の失敗を診断し、自分の善いところ悪いところを査定することに遅すぎるということはありません。今ある姿、自分のなりたい姿、またどんな傾向や欠点があなたを邪魔しているのかを分析しなさい。深く秘められた仕事、つまり人生での使命は何であるかを定め、そうすれば自分をあるべき姿、なりたい姿にしてゆくことができるのです。その目的に向かって働く中で、意志力と同時に、積極性も発揮してください。

積極性とは何でしょう。それは、内側にある創造能力つまり無限なる創造主が発する火花《スパーク》のことです。それは、今まで誰も創造したことのないものを創造しうるパワーを与えてくれるのです。それは物事を新しいやり方でする

1

The Attributes of Success

よう迫ります。積極性をもつ人の為す業績は流星のごとく見事なものです。大霊の偉大な創造力を利用することにより、不可能に見えていたものを可能にします。

あなたに責任をもつのは、あなただけです。最後の審判の時、忙しい友人や世間はあなたの行為に責任をとってくれるわけではありません。意に沿わない他人の考えや行為があなたに影響を与えるのを、あなたが許さないかぎり、誰もあなたの幸福を損なうパワーをもつものはいません。人はこの世で、すなわち、自分のカルマによってあなたが置かれたその場所での義務があります。人は仲間である人々に奉仕することによって目的達成を促進しなければなりません。分け隔てない太陽の光のように、貧者や見捨てられた人々の心に希望の光を広げ、打ちひしがれた人々の心に勇気の灯を点し、自分の人生は失敗だったと思っている人々の心に新しい強さをもたらす灯を点さなければなりません。

すべての人々の中に神を見ることを学びなさい。一人ひとりの人間が自分とひとつであると感じ始めるとき、神の愛とは何であるかを知ります。奉仕をする時、私たちは小さな自己《エゴ》を忘れます。私たちから流れでる無限の大我を知るのはそうした時なのです。

ほとんどの人は、偏った考えにより自分自身に味方し、他人《ひと》を冷淡に分析する傾向があります。私たちは、これを逆転して他人に味方し自分自身を冷たく分析するべきです。他人を分析するとき、最も重要なことは心に偏りをもたないようにしておくことです。偏見のない心は、軽率な判断でぐらつかないための澄んだ鏡のようなものです。その鏡をしっかりともち機能させなければなりません。その時、あなたの心に映された他人《ひと》のゆがみのないイメージを見ることでしょう。

1

The Attributes of Success

⚜習慣をコントロールする

自分の為すべきことであれば、気がすすまなくても自分自身の主人として自分を統御し、それを為すことができるまでは、人は自由な魂ではありません。この自由を手に入れることは小さなことではありません。**そこには、永遠なる自由の萌芽があるからです**。

人の生活を実際に支配しているものは、たまたま考え付いたこととか、優れた着想《アイデア》とかではなく、日々の習慣です。習慣化された想念は精神に磁気を与え、その磁気の性質に応じた具体的なものを引き寄せるのです。世俗的習慣は世俗的なものを引き寄せます。

悪い習慣は魂に一時的に苦悩をもたらす芽を接ぎ木するのです。もしあなたの善が悪より少し勝っていれば、悪の芽はより大きな善のパワーによって取り去られます。しかし悪が善より少しでも勝っていれば、善はしだいに悪なる傾向によって飲み込まれてしまいます。これが自然の法則です。

もしあなたが悪い習慣に悩まされるなら、それを必死に避けようとしてその習慣に集中するよりも、その習慣を引き起こし促すものを避けることによって、それを弱体化し、そして心を何か善い習慣の方に向けてください。そして、それがあなた自身の一部になるまで深化させることに精力的に専念してください。

私たちの中にはいつも互いに争い合う二つの力があります。ひとつはやるべきでないことをするようにと促す声、もう一つはやるべきこと、困難に思えることをするよう迫る声です。

もしあなたが悪い習慣から抜け出すことができるなら、またもし、苦悩をもたらすからという理由ではなく、善いことをしたいからするということができるなら、その時、あなたは真に進化しているのです。人が自由な人間になれるのは、悪い習慣を捨て去ることができたときなのです。

1

The Attributes of Success

意志の根源に至る

人が成功を達成するために育まなければならない資質（ポジティブ思考・強力な意志・自己分析・積極性・そして自己統御）の内の幾つかについて言及しましたが、これらは第一歩に過ぎません。よく売れる多くの本がこれらの幾つかを強調していますが、それらの背後にある究極のパワーを認めていません。真の自己分析は、内なる真我のより深い理解へと導かれるべきです。強力な意志を深化させることは神なる意志と同調する中で花開くべきです。

意志は宇宙とそしてその中で生きるものすべてを動かすパワーなのです。宙《そら》に流星を放つのは神の意志です。惑星を軌道上に保ち、誕生、生成、崩壊のサイクルを統括するのも神の意志です。

「御心が行われますように」（マタイ6－10）とイエスが言われたとき、何を言われようとしたのでしょう。イエスは、人が叡知に導かれ自分の意志を神の意志と同調させるなら、人は神の意志を発揮できると言われているのです。人は自分自身の意志を成長させ、それを至高の意志に同調させることを学ぶまでは、何が神なる意志であるかが解りません。瞑想によって得られるのは、この神との接触なのです。

神なる意志は限界をもちません。あらゆる身体であらゆるものの中で働きます。それは運命の方途《みち》を変え、死者を蘇らせ、惑星の軌道を変えることができます。人は物事に取り組むとき、人間の意志という偽りの衣を捨て、全能なる神の意志とついにはひとつになるまで、自分の意志を発揮し続けなければなりません。自分がもともと神の意志をもっており、神の似姿《イメージ》が内側にあるのだということを知る必要があるのです。

人が間違いに導かれるとき、意志は人を間違った場所に連れていくかもしれません。しかし叡知によって導かれるなら、意志は神の意志に同調されるのです。不幸なことに、神の計画は、しばしば人間生活の葛藤の中に埋没しています。そのせいで、間違いの淵から救ってくれるかもしれない導きを失うのです。意志の力を正しく使うことによってのみ、神の意志に接触できるのです。

⚜豊饒の海

神の意志の中にすべてのパワーが在るように、すべての霊的そして物質的恵みは神の無限の豊饒から流れて来ます。その豊饒と繋がるため、あなたの心から欠乏や貧困という想念すべてを根絶しなければなりません。宇宙意識《ユニバーサルマインド》は完璧なものであり、欠乏というものを知りません。その決して尽きることのない源に到達するためには、人は豊饒の意識を創造しなければなりません。たとえ、明日のお金がどこからやって来るのか分からない時においてさえ。心配や恐れを拒絶し、自分のやるべきことを果たした上で、神がその役割を果たせるよう神を頼みとするなら、不思議な力があなたを助けに来て、建設的な願いが実現されるのが分かるでしょう。

神はすべての心的パワーと繁栄の根源なので、最初から意志の力を発揮したり、行動を起こしたりするのではなく、まず神とコンタクトを取り、そうしてあなたの意志と行為を制御して、そのエネルギーを取り出し正しい目標へと導いてください。壊れたマイクロホンでは放送はできないように、人は不安によって乱された心のマイクロホンでは、その祈りを放送することはできません。深い静けさによって心のマイクロホンを修理し、直感の感度を高めなければなりません。そうすれば、あなたは神に向けて放送し神からの答えを受けとることができるのです。

1

The Attributes of Success

瞑想の価値

人が静かになり建設的な波動に同調した後、あなたの声を神に届けるためには、どんな方法で心のマイクを使えばよいのでしょう。正しい方法による瞑想が満足すべき唯一の道です。

集中と瞑想のパワーによって、人は欲するものを成就させる途方もない精神のパワーを指揮し、失敗が忍び込むかもしれないすべての入り口を護ることができます。成功を収めるすべての人は、深い集中と瞑想に時間をささげています。そうした人々の中には、心のプロセスを表現するのに一言も「瞑想」という言葉を使っていないかもしれませんが、彼らは、自分たちのさまざまな「問題の海」の深海まで潜り、正しい答えである真珠を手にして戻って来た人々なのです。もし気を紛らせるすべての対象からあなたの注意をどうすれば引き離すことができるか学び、ひとつの対象に集中するなら、あなたが必要とするものを、どうすれば自由自在に引き寄せるかが分かるでしょう。

何か重要なものを創造しようとする時、静かに坐り感覚や想念を鎮め、あなたがしたいこと、必要とするものに意識を集中し深く瞑想しなさい。そうすればあなたは大霊の偉大な創造力に導かれるようになります。その後、成就したいものが何であれ、それを実現するためには、あらゆる物的資源を活用しなければなりません。

⚜何が成功なのか

これまで成功の要件の幾つかを論じ、またそれをどのように使うかを話しました。しかし、あなたにとっていったい何が成功なのでしょう？　真の成功というものは、あなたの精神的能力を増大させることで実現しますので、そうした能力増大の結果、人生で必要とするものを調達することができるかもしれませんが、ここに忘れてはならないことがあります。それは人にとって、どうしても必要なものと単に欲しいものの間には大きな違いがあることです。

成功した人生を歩むためには、まず高い目標をもたなければなりません。さらに、その目標は正しいものでなければなりません。そうすれば目標に向けての計画と実行において、神の全パワーがあなたを導いてくれるのです。人生で、ある目標に向けて絶対的な決意をするなら、すべてのものをその目的に奉仕させなければなりません。ゆるぎない決意、弛まない努力に比べれば、並はずれた才能などはさほど必要ではないのです。

しかし、あなたの選んだ目的が達成されることが成功なのでしょうか？そもそも成功とはいったい何なのでしょう？　もしあなたが十分な健康と十分な富をもっていたとしても、自分自身も含めて、あらゆる人に対しトラブルを抱えているなら、ほとんど何ももっていないのと同じです。もし、喜びを見いだせないなら、人生全体の目的は無益なものになってしまいます。ですから、成功は喜びによって量られなければならないのです。つまり、健康とか地位や富ではなく、むしろ宇宙の法則との調和の中に絶えずいられるという能力によって成功は量られなければなりません。

⚜喜びの中にいることを決意する

神はあなたを罰することも報いることもしません。というのも神は、あなたに大いなるパワーをゆだねているからです。そのゆだねられたパワーである理性と意志を使い、あるいは間違って使うことによって、人は自らを罰したり報いたりします。健康と繁栄そして叡知の法則を侵し、病気と貧困と無

1

The Attributes of Success

知で罰しているのはあなた自身なのです。過去に背負い込んだ積年の心理的道徳的脆弱さという重荷を抱き続けるのではなく、決意の炎でそれを燃やし自由になってください。

喜びはある程度外側の条件に依存していますが、主には内側の心の条件に依存しています。喜びの中にいるためには、健康と健全な心、豊かな生活、正当な仕事、感謝の心、そして、それ以上に、どんなことであれ、何としてもやり遂げる知恵をもたなければなりません。

喜びの中にいるという強い決意は、あなたにとって助けになります。環境に問題があると思い、その環境が変化するのを待たないでください。不幸を慢性習慣病にしてはなりません。不幸は決して楽しむような代物ではありません。喜びの中にいることは、あなたにとって、またその他の人にとっても祝福なのです。不幸を感じると、自分が幸福だと感じていた時の日々を忘れてしまいます。喜びがやって来ると、不幸に感じた日々は永遠に過ぎ去ったかのようです。曇りの日がなければ、晴れの日の有り難味は分かりません。幸福は、不幸を体験してはじめて感謝することができるのです。

⚜内側に神のパワーを見つける

あなたのもてるパワーを建設的に使ってください。そうすればさらに多くのものがやって来ます。成功に必要とされるあらゆるものを利用しながら、ゆるぎない決意で前進するのです。宇宙のパワーに同調すれば、その時大霊の創造的パワーがあなたのものとなります。「大いなる無限の知性」と繋がれば、その知性があなたを導き、すべての問題を解決してくれます。あなたという存在の大いなる根源からの強力なパワーがあなたの中を流れていくとその結果ビジネスの世界で、想念の世界で、また叡知の世界で、あなたは創造性を発揮するようになります。

あなたが「私は何よりもあなたを求めます」と神を完全に説得できるなら、あなたは神の意志と同調できます。あなたを神から引き離そうと何がやってこようが、あなたの意志が神を求め続けるなら、その時、あなたは神の意志に沿って行動しているのです。

真理のパワーはあなたのものです。もし確固とした決意をもつなら、この人生を、もはや恐れや不確かな気持ちで歩くことはありません。「大いなるパワー」の光があなたの道を照らします。もしその光の方に向きさえすれば、そのパワーは健康、幸福、平和、そして成功をもたらしてくれるのです。さあ、**あなたの中にある**、その広大で、平和な、そして想像を絶する無限の喜びの海の中で泳いでください。

生まれながらの神聖なる権利

私はまず一番に神を探し、神との実際的接触を確かなものにします。そうして、それが神の意志であるならば、叡知、豊饒、そして健康、そうしたもののすべては、生まれながらにもつ神聖な権利として与えられます。なぜなら、神は私をその似姿として創られたのですから。私はこの世のものではない神の豊饒からの、全所有の、全能の、無尽蔵の御手からの、繁栄、健康、無限の叡知が欲しいのです。

第2章

人生の目的とは何か

ヨガナンダ、サンフランシスコのパレス・オブ・ファイン・アーツにて大多数の人は、人生の理想とか計画を意識することなく、ほとんど機械のごとく生きています。地上にやって来て、生活に汲々として、なぜここにやって来たのか、為すべきことは何であるかを知ることなく、有限なるこの世の岸を離れるのです。

人生の最終目的が何であれ、人は満たそうともがくその欲求によって苛まれているのは明らかです。本当に必要とするもの、自分の真の欲求に集中し、多くの無駄で余分な欲望を作りださないことは非常に重要です。人は真に必要なものと、無くても必ずしも困らないものとの区別をつけなければなりません。

無くても困らないような物や贅沢な物に囚われた人は、身体からのかすかな声や精神的能力や神聖な充足感を育むという大いなる要求に耳を傾けることを忘れます。

そうした人は新しいオートバイや新しい服を月賦で買い、その結果いつも

2

What Is Your Aim in Life?

借金に追われ、お金儲けにすべての時間を費やしても成功しません。精神力を発展させ、内なる平和を育む時間をもてないのです。なぜなら「物質的贅沢の暴君」の嗜好の要求に隷属させられているからです。

繁栄は金儲けだけで成り立っているわけではありません。繁栄にはまた、人が持続的に健康と富、叡知、そして平和を、それによって獲得できるような精神力を発現させることも必要とされるのです。

成功を求めるなら、人は単に**欲しいもの**ではなく、真に**必要とするもの**に集中しなければなりません。人にとって欲しいものがすべては手に入らないこと、また宇宙の法が危害が生じるような願いを許容しないことは善いことなのです。子供は父親に鮮やかな色をした毒蛇を獲えて欲しいと頼むかもしれませんが、父親はそんな危険な願いに応えることはありません。神の法則も同様に、一時的に楽しいかもしれないが危険が生じる願望の充足は受け入れません。もちろん、神の子供である人間は自由意志を与えられていますので、最初は喜びに満ちていても最後には危険に満ちたものになるようなものを、しつこく追い求めることもできるし、またしばしばそうするわけです。

なければ困るというその必要性が、大きければ大きいほどそれが満たされる可能性は大きくなります。あなたが単に欲しいものを手に入れる前に、そうしたあなたの必要性を自在に満たすパワーを育まなければなりません。

あなたの無ければ困るという真に必要とするものとは何か。身体、心、魂のための食物、家、繁栄、健康、集中力、記憶力、思いやりの心、友人、智恵、至福などは、人にとって無くてはならぬものです。他者を霊的に幸せにするために、質素な生活、高邁な思想、内側の本当の喜びを育むこともまた、真に必要なものです。

真の幸福は刹那的なものではありません。なぜなら真の幸福は本質的に霊的なものだからです。しかし感覚の悦びにもとづく「幸福」は、すぐにも苦悩に変わってしまうのです。心身の真に必要とするものに五感を奉仕させるなら、本当の幸せにつれていきます。五感に溺れるならみじめさ以外、何ももたらしません。快楽をもたらす感覚対象への欲望は、しばしば人為的に生じた欲求ではなく自然の必要であるというのは間違っています。「単にそうしたいという欲望」は増幅されてはなりません。その代わり真の必要を満たし、また実際に無ければ困るものを確保することに集中しなければならないのです。

通例、人の関心は不必要な欲求によって囚われて常に欲望を増大させています。無くても困らぬものへの欲求を満足させようとする欲望は、すべて根絶されなければなりません。

一度にひとつの必要性に関心を集中することは、正しい方向への第一歩となります。人生と真の幸福を構成するものの内、最も必要とするものを決めるのです。そうしてそれを最短の方法で獲得することに、全集中力とエネルギーを振り向けなさい。

あなたの喜びを、次々とやって来る欲望の棘で血みどろに傷つけ、人生の

2

What Is Your Aim in Life?

ジャングルで道に迷い目的を見失って彷徨わせないでください。人は人生の最終目標、そして、そこへと至る最短の道を見つけなければなりません。無謀にも次から次に困難を拾いあげながら、知らない道を歩んではなりません。あまりにも無謀な欲求は、欲求を満たすことにあまりに消極的なことと同様によくありません。

人間として私たちは満たすべき欠乏感をもって生まれ、その欠乏感の声に応えなければならないのです。人は肉体的、精神的、霊的存在であるゆえに、偏った発展のしすぎを避けて、全体のバランスがとれた幸福に目を配らなければなりません。すこぶる健康で食欲も旺盛であっても、その健康を維持し空腹を満たすお金がないことは苦痛です。すこぶる健康で、大きな富をもちそれでいて多くのトラブルを抱えているのはみじめです。すこぶる健康で富と優秀な頭脳をもっていても、心に平和がなく究極の真理を知らないままでは、虚しく満足も得られません。

ほとんどの人は、たくさんのお金をもつことだけが豊かであると思っています。しかし本当の成功は自分の全存在に必要なもの、そうしたものすべてを自分の支配下に置くことです。本当にわずかな人しか「人が真に必要とするもの」の意味を分かっていません。その必要性が何らかの究極まで突き詰められるなら、その必要性は容易に満たされ得るのです。

お金は呪われたものではありません。大切なことはお金の使われ方なのです。一ドル札に「あなたで、毒を買ってもいいですか」と尋ねてください。一ドル札は答えません。しかしもしこの脳みそをもたないドル札が間違って使われるなら、ドル札はあなたを罰するでしょう。それが正しく使われるな

2

What Is Your Aim in Life?

ら、喜びをもたらします。どんな聖者であれ、仕事上でお金を使わない聖者はいません。誰でも食事をすれば、その代金を払わなければなりません。そして、自分の食べ物は自分で買うことができる方が、慈善に頼って生きるよりよいのです。

ほとんどの人は、お金儲けをしようとして頭脳エネルギーを使います。しかし成功した人でも、喜びを確かなものにできないうちに心臓発作で亡くなったりします。人生全体の目標は、あなたが真の喜びを見いだせないなら、虚しいものになります。富が失われるなら、少し失います。健康が失われるなら、かなりを失います。しかし心の平和が失われるなら、すべてが失われるのです。

人は身体の強さを増強し、そして、心の強さを増強しなければなりません。精神力を増強する一番の道は、何か価値あることを毎日達成することに挑むことです。人からあなたにはできないと言われたことに挑むのです。自分が進歩すればするほど、何に対してもますます親しむことができます。

何かをすることを決意したなら、地球も太陽も自分のところから飛び去るままにさせても、決して諦めてはなりません。あなたは神の子です。地上で最高に偉大な人間と同等なのです。成功を成就するまでは、ひとつのことを掴んで放さないよう、あなたは意志の力を十二分に保っておかなければならないのです。

2

What Is Your Aim in Life?

第一に仕事を注意深く選びなさい。どういう職業につくかを決めるのに十分時間をとりなさい。もし成功を望むなら、自分の職業を好きにならなければなりません。もし好きなものが見つからないなら、それを探してください。決断したなら、その決断を断固として守りなさい。

いっときにあまりに多くのことをやらなければならないと気がなえてくるものです。時計が二十四時間を一分で時を刻むことができないように、成し遂げるのに二十四時間かかるものを一時間でやることはできないのです。今という一瞬《とき》を余すところなく生きるなら、未来は未来自身が何とかしてくれます。毎瞬の奇跡のような美しさを十二分に味わうのです。いつも「平和の臨在」を体験してください。そうすればそうするほど、人生におけるあのパワーの臨在をますます感じるようになります。

何百万という幼児が目的地を知ることなく「人生の道」を歩かされ始めます。その動きはゼンマイ仕掛けの小さな玩具のようです。線路のないところを走っては、途中で出会うあらゆるものに何であれ、ぶつかってばかりです。そうした無目的な人生の旅が大多数の人の運命です。なぜなら人生のスタートの時点で、人は正しい目標に向けられておらず、また、はっきりとした道を歩み続けるのを助けるような十分に準備されたパワーをもたされていないのです。この人生の舞台で、ほとんどの人は操り人形のようにふるまい、環境や生まれながらの本能や運命に弄ばれるのです。人々は夢遊病者のように仕事をこなしながら生きています。

2

What Is Your Aim in Life?

あなたは小さな子供時代の傾向を分析し、自分の生来の関心を見いだし、自分の生涯の道を決めるべきです。ひとたび道を見つけるなら、創意工夫をしてお金を生み出すあらゆる方法を自在に使えるよう努力してください。しかし、その方法はあなたの理想に反するものであってはなりません。さもなければお金を手に入れても幸福にはなれません。

目を覚ましてください。今までがどうであれ、自分が何者であるのか自分の奥深くに隠された天命は何であるかを分析してください。そうすれば自分を自分のあるべき姿にすることができるのです。あなたはいまだ使っていない才能とパワーをもっています。必要とするすべてのパワーをもっています。精神のパワーより偉大なものは他にはありません。世俗の淵に留めているささいな習慣の数々から、あなたの精神を蘇らせてください。消えることのない微笑みを、神なる微笑みを、いつも忘れてはなりません。分別ある大胆さがもたらすあの力強い微笑みを、誰もあなたから取り上げることのできないあの百万ドルの微笑みを、忘れないでください。

第3章 失敗癖を排除する

ヨガナンダとボストンのインターナショナル・コングレス・オブ・リベラルズの代表者グループ（一九二〇年）

失敗と不健康という有害な種子を根絶する

さまざまな経験に対する反応の仕方、つまり人生の学校において課せられた試験にどのように臨むのかということは、その人が、完成への道をどれほど進んでいるかを示しています。日々の経験への反応の仕方は究極の自由への進歩に影響するだけでなく、多くの転生の生涯にわたって、成功か失敗、あるいはまた健康か病気のいずれになるかを決定するのです。

身体に深く巣くうある種の病気のように、人の間違った行為の悪しき影響が根絶されないなら、意識上の、無意識上の、超意識上の心の一部となり、そしてそれらの悪しき影響は今生においてだけでなく、後に続く多くの転生に及ぶのです。

3

Eliminating Habits of Failure

⚜幸運と不運の原因は何か

日常生活のさまざまな失敗と成功は心に深く根を張ります。それらが実を結ぶことによって、あるいは叡知によって解決されないかぎり、そうした失敗や成功は次の転生における傾向や特質として魂が引き継いでいくべき種子として実をつけるのです。これらの根深い過去の痕跡は心のひだに潜み、直面する環境次第で、突然現れて、あなたを助けたり妨害したりするのです。こうした隠れた種子の性向は、意識的努力にかかわらず人の企てを失敗させる可能性があります。

第一次大戦中ヘンリー・フォードは全財産のほとんどを失いました。彼は幾度もの前世で成功していたので、莫大な資産を手に入れていました。しかし彼の心には失敗の恐怖という種子となる想念を保持していたのです。戦時の状況が彼の一連のビジネスにとって好ましからざるものになった時、彼の失敗の種子が発芽し、ほとんど財政的壊滅状態に追い込みました。もし彼が本当に意気消沈するままに身をまかせていたら、すべてを失っていたでしょう。しかし超人的意志力によって彼の会社を潰そうと血眼になっていた競争相手を撃退したのです。過去の成功意識が、今生での彼の独創性や研ぎ澄まされた経営判断、正しい仕事仲間を選ぶ才覚、忍耐、そして最愛の妻によって増強されたのです。

結論：財政的成功は過去生からの収益能力と今生での独創性と忍耐強い意志に依存している。

⚜過去と現在の行為が今生に影響する

過去生からもたらされる成功の性向と今生での成功への努力が薄弱であれ

ば、今生での財政的成功の可能性はほとんどありません。もし過去からの成功の性向が強力であるのに今生での人生が不活発で怠惰なものであれば、その人は次の生で富裕な家庭に生まれるか、突然大きな財産を相続するかのどちらかになります。

過去生からの強い繁栄意識をもちながら、今生でもお金儲けに精力的努力をする人はあらゆる事業に成功します。そうした人は投資はほとんど失敗しないし、間違いのない経営判断力をもっています。もし人が前世からの貧乏の性向をもって生まれながらも、今生でそれを克服したいとするなら、成功のために困難と戦わなければなりません。その人は晩年に裕福になるか、困難と戦いながら人生を終わるかのどちらかです。しかしその努力は無駄にはなりません。というのは、来世は、そうした努力の結果として成功のカルマに支配されることになるからです。

失敗を宿命として受け入れる人は愚かです。なぜなら、成功か失敗かは今生か前世のどちらかに獲得したものだからです。もし過去生で富を手にできなかったなら、または富を手にしながらそれを失い、その喪失感を抱きながら死んだなら、その人は貧乏の中に転生します。困難を克服するため一生懸命努力することによって、人は、幾たびかの過去生で潜在していた成功意識を呼び覚まし、ついにはその成功意識によって失敗の性向を圧倒するまで成功意識を刺激すべきなのです。

⚜意志の力は人間のもつ最強の兵器である

失敗の恐怖によって自分自身を機能麻痺させるようなことを許さないかぎり、人は完全な失敗者にはなりえません。

有り難いことに、成功性向はゆるぎない努力をする人をいつでも助ける準

3

Eliminating Habits of Failure

備をしているのです。一方、失敗性向は「自分の宿命」を甘受している人を容赦なく滅してしまうかもしれません。成功性向は見えざる友であり、失敗性向はまだ見ぬ敵です。もし何度も何度も懸命な努力によって意志を喚起するなら、無意識の小部屋で眠っている成功性向を目覚めさせることができます。意志は失敗を打ち負かす兵器です。意志を使い続けると、切れ味が鋭い、人に忠実な召使いとなります。また、それが神なる叡知に導かれると、強い無限のパワーをもつようになります。そのパワーをもっている者に不可能なものはありません。

人は過去の間違いの種子を内に抱えていますが、同時にすべてを成就する種子も抱えています。よい条件が整えば、それらの種子は芽生えて生長し、失敗をもたらす雑草を枯らすのを早めるのです。超集中のパワーによって失敗の性向を滅ぼす方法を知る者は、全転生における経済的成功が可能になります。

⚜欲望をいかに消滅するか

この世で欲望を消滅させることができるかどうかは、失敗者の過去のカルマ克服を、成功者が助けて新たな決意を刺激することによって、その人たちに力を貸すことへの積極性にかかっています。ある人々は、自分の仲間をますます貧しくさせることで自分の富への欲望を満たそうとします。また他の人たちは、自分の繁栄を人に分かつことをしません。そうした利己主義が世界の多くの苦しみの原因です。世の中には、ある程度の援助を受ければ自立できるような精神的、肉体的に不自由な人たちがいます。しかし、ロールスロイスに乗っている人々が、そうした人たちに目を向けないのは残念と言わざるをえません。

もし自分の失敗性向を克服することで成功を手に入れた人が、怠け者になったり、他人の窮状を無視するようになったら、無駄な投資で富を失うか、もしくは来世において貧乏を引き寄せる可能性があります。他者の苦しみに無関心な富者は、贅沢への渇望をもって転生しますが、その希望を満たす資産をもつことはできません。

⚜瞑想の大切さ

永遠の成功を求めて努力する者は、毎日朝晩に瞑想をしなければなりません。そして、超意識の平和光線が不安を貫くとき、これらの光線を頭脳と精神に集中し、潜んでいる過去の失敗の種子を焼き殺し成功の種子の成長を促進させる必要があります。

つまり瞑想中、ヨギは眉間にある意志の中枢に「集中のパワー」を感じます。また身体中に完全な平和のフィーリングを体感します。もし、その人が過去の失敗や病気の種子を脳細胞からそぎ落としてしまいたいなら、平和と集中のパワーが脳全体で感じられるように、そのパワーを統御しなければならないのです。頭脳細胞はこうして平和とパワーを孕《はら》むようになり、その遺伝的、化学的、心理的組成が改変されるのです。

もし失敗が繰り返し襲ってきても意気消沈してはなりません。その失敗は物質的、霊的成長への促進剤として機能すべきものです。失敗の続く時期は、成功への種子を蒔く季節なのです。失敗の原因を取り除き、以前に倍する意気をもって成就したいものに着手します。環境の困難さがあなたを苦しめるかもしれません、しかし屈してはなりません。成功しようと試みている時に訪れる死は成功なのです。失敗の意識を抱くことを拒否するのです。いつも、もう一度トライします。どんなに失敗を重ねようと。ベストを尽くしてもうこれ以上できないと思っても、もう少しだけと成功へのレースを諦めずに続けるのです。

3

Eliminating Habits of Failure

失敗の後に新しく試みる時はいつも十分に計画を練り、以前にまさる注意深さをもたなければなりません。

過去のカルマ（行為）の悪性の種子は、ただ弛まざる努力の炎によってのみ焦がされ消滅されうるのです。善いカルマの天秤は少しずつしかその成果を示さないので、天秤がその人の方に傾きかけているのに、ほとんどの人は希望を諦め、報酬を見逃すのです。

潜在的そして慢性的病気の種子を燃やす目的のためには、エネルギーを与える身体電池を充電する深い瞑想による「活性化訓練」を実践する必要があります。その後続けてホン・サウの集中法とオームの瞑想法をする必要があります。これらの技法を実践するには、健康とエネルギーとパワーが意識化

3

Eliminating Habits of Failure

されて、それが優位に保たれていなければなりません。止めることのできないほどの生命の力の流れとしてこのパワーが身体中で感じられるなら、間違いなくそれは長期にわたって、中断されることなく脳と心の中に集中されることになります。このようにして、生命力が過去からのすべての潜在的病的傾向を滅ぼすのです。

もしあなたが劣等感をもっているなら、あなたは、成功、健康そして叡知の正当な相続者であることを思い出してください。弱さの感覚は、幾つかの要因に起源をもっているかもしれません。それは固い決意と勇気、知恵そして神と自分自身への信頼によって克服することができます。

もし自分は失敗した落伍者だと思い込んでいるなら、今すぐにも、そうした態度を改めてください。あなたは偉大な成功のあらゆる可能性をもっているという不動の確信をもつのです。時には、何かを企て不成功であった時のあなたの心理的対処のあり方を思い出すのが役立つかもしれません。

誠実に規則正しくホン・サウの集中法を実践し、そしてあなたの霊的教師に相談してください。

正しい思考習慣を我がものとするためには、精神的肉体的環境を変更することも必要であると思うかもしれません。

成功を感じ始めても、自分の思う通りに成功したことが明らかになるまで、何が起きようと叡知と不屈の心で行動してください。

3

Eliminating Habits of Failure

恐れと失敗の克服

恐れという現象は人間にとって精神上の毒薬です。万一その毒が人の警戒心を鎮静させるような、毒をもって毒を制する効果をもてば別ですが。恐れは、それ自身のところに、恐れの対象を磁石が鉄粉を引き寄せるように引き寄せる悪性の磁力を生みます。恐れは、あらゆるみじめさを増大させます。

恐れは、私たちの体の痛みと心の苦悩を百倍にも強め拡大させます。恐れは、心臓、神経系統そして脳に壊滅的影響を与えます。積極性、勇気、判断、常識そして意志の力を破壊します。

恐れが潜在意識を汚染すると、次には潜在意識が顕在意識の意欲的な努力を台無しにする可能性があります。恐れは直観力にベールをかぶせ、自信という全能のパワーと無敵の魂のパワーを密閉してしまいます。

⚜恐れと失敗の想念を根絶する

ひとつの生におけるさまざまな失敗と成功は、顕在意識、潜在意識そして超意識の中に深く根を張って留まります。カルマが結実して決着を迎えるか、もしくは叡知によって失敗と成功が解放されないかぎり、それらは蓄積し、

3

Eliminating Habits of Failure

死に至っても墓場を超えて引き継がれていきます。成功と失敗は、ある種の性向という種子の形で来世まで運ばれます。こうした過去の種子の性向は、普通はひとつの生の中に隠されているのですが、発芽に好都合の要素が揃うとその姿を現し始めます。

何かがあなたを傷つけようと迫ってくるなら、じっと坐していてはなりません。意志力と判断力を総動員して、何かを冷静に、何かを急いで、とにかく何かをしてください。意志は行動を起こさせる原動力なのです。

失敗や病気への恐れは、いつもその恐れを心の中で思いめぐらすことで育まれ、ついには潜在意識に根を張り最終的に超意識にまで至ります。そこから恐れは発芽し始め、恐れの苗が顕在意識を満たします。そしてその苗が、毒々しい果実を実らせるのです。

もしあなたが不健康や失敗への恐れに悩まされ、それを押しやることができないのであれば、あなたを夢中にする面白い本を読んだり、さらには、罪のない娯楽に熱中することであなたの気分を変えてください。そうすれば、心は恐れで悩まされることを忘れるでしょう。そして新しいエネルギーを取り入れられれば、さまざまな心理的戦略のショベルを手に取り、あなたの人生の土壌から失敗と不健康の根を削ぎ取ることができるのです。

勇気を奮い起こすことで、また内なる完全な平和へと意識を移動《シフト》させることによって、恐れを根絶してください。ひとたび恐れの根を削ぎ取ったなら、今度は繁栄と健康を手に入れるための方法に取りかかってください。

⚜恐れのないことは第一の美徳

病気や失敗の恐れをもたない健康で繁栄した人々と交際してください。慢性的不健康と失敗癖には深い理由があります。怠け者は成功しません。放埒な者は痛手を被るか、もしくは徐々に自分の身体を知らぬ間に病原菌の巣くう身体へと変えていきます。

愚かな物質主義者には、病気は遺伝であるか物質界の法則の結果であるように見えるかもしれません。医者は父親か祖父が結核だったことが、その子が結核になった理由だと言います。しかし、慢性の病気や不条理な苦しみのより深い原因を辿ることのできる霊的教師は、いわゆる遺伝性の病気が物理的理由で、ある魂から別の魂に移ることはないことを知っています。そうした教師はこう言います。前世からの結核性向をもった受肉前の魂が、結核に罹患した家族のところへ引き寄せられるのであると。

もちろん結核は、肉体的、衛生的法則を軽んじることで健康体の中に生じ得ます。どんなに健康でよく繁栄していようとも、誰も過去生のすべての種子を滅ぼさないかぎり、その将来が保証されることはありえません。

たとえ今までに一度経験していたとしても、事故や病気を恐れてはなりません。むしろ恐れそのものを恐れてください。というのは恐れが事故や病気を繰り返しもたらす可能性があるからです。恐れぬことが、それらのやってくる道を逸らせるか、あるいは少なくともそのエネルギーを中立化してくれます。

⚜死は救済者

死を恐れてはなりません。死は救済者だからです。それに二度死ぬことはないのです。死がやって来るその時、恐れの原因は取り除かれます。苦痛がひどければ、死がすべての痛みと心の苦しみから私たちを救済してくれます。

「神の永遠の護り」という城壁に囲まれていることを知り、また死が門前で踊っている時でさえ、あなたは守られていることを知り、恐れを封殺して

3

Eliminating Habits of Failure

ください。神の守りの光線は、たとえあなたが容赦なく飛び交う弾丸にさらされ、人生の戦場で試練を受けていようとも、破局の不吉な雲を焼き払い、試練の大波を鎮め、あなたを守ってくれます。たとえ難攻不落の堀に囲まれ豪華で清潔な城に隠れていようとも、神なしには、あなたの生命、健康、そして繁栄を守ることはできません。

恐れがやってくるなら、緊張と緩和の動作を繰り返して何度か息を吐きます。平静と無頓着の電源スイッチを入れてください。心のシステム全体を目覚めさせ、意志の発するバイブレーションで活力を喚起してください。そして意志のパワーが「恐れをもたぬ注意と善い判断」が咬み合い歯車のように回るなら、その歯車は回り続け、あなたの具体的な差し迫った災難を逃れるための心の解決法を必ず編みだしてくれるのです。

第4章 成功の習慣を育む

ヨガナンダ、ヨセミテ国立公園にて

父なる神よ、これが私の祈りです。「私が何を永遠に所有するのかを気にかけることはありません。しかし日々必要とするものを、思いどおりに手に入れるパワーをお与えください。おお父よ、母よ、友よ、最愛なる神よ、私は知力を使い意志を使って行動します。そして、その知力と意志と行動を私の為すべき正しきものへと導いてください」。

習慣は、私たちが自動的に行動することを可能にする心理的メカニズムであり、それが私たちの意識を他のやるべきことに自由に使えるようにしてい

4

Developing Habits of Success

るのです。習慣は、ひとつの行動が何回も集中的に反復されることで形成されます。

ある人にとっては健康や繁栄のために善い心の習慣、そして知的洞察力などを形成するには多くの時間を要します。実は、この目的を遂げるのに必要とされる時間は短縮できます。習慣の形成が速いか遅いかは健康と脳細胞を含む神経システムの状態、さらには援用される習慣形成のやり方に依存しているのです。ほとんどの人は、自分の考え方や行動の仕方にそんなに本気で取り組みません。それゆえ成功しないのです。心の習慣形成を実現するためには強力で持続的でなければなりません。

例えば、繁栄とか健康の習慣は結果が明らかになるまで、繁栄的で健康的な思考によって育まれる必要があります。どんな時も変わることのない健全で勇気ある心の態度は、人が必要なものや欲しいものを入手するのに不可欠のものです。繁栄と健康の獲得に失敗するのは、疑いもなく繁栄的で健康的な心の習慣が脆弱だからです。
怠慢で散漫な頭脳の愚者は、簡単な習慣でさえその形成に長い期間がかかるのに比べ、賢明で目的意識をもった人は瞬く間に、単に願うだけで、容易く善い心の習慣を形成することができます。ですから、あなたの進歩を妨げる精神的、肉体的さらには霊的習慣があるなら、先のばしすることなく、今すぐ捨て去りなさい。

「私は健康である」あるいは「私は賢者である」と宣言《アファメーション》しましょう。アフアメーションは、非常に強い気持ちでしてください。そうしなければ、潜在意識にある否定的でやる気をくじくようなかすかな声で「バカめ、お前なんか成功しない。お前は失敗する。お前が賢者なんてありえない」と言う敵対的思考を完全に追い払えません。しかし何であれ人が本当に強く願うなら、それはすぐにも実現できるということを知らなければなりません。

霊的探究者がアファメーションを実践するには、必ず忍耐強くなければなりません。もし健康でありたいなら、生まれながらに健康であることを信じるのです。繁栄を望むなら、生まれながらに繁栄していることを信じるのです。叡知を望むなら、生まれながらに叡知をもっていることを信じなさい。そうすれば、健康や繁栄そして叡知があなたの中に顕現するのです。

思考の流れを変えてください。あらゆる否定的な心の習慣を放棄して、健全で力強い思考習慣に置き換え、それを不動の信念をもって日々の生活に適用してください。

人の人生は、生半可な意志や決意によって支配されているわけではなく、習慣によって支配されているのです。人々が健康と繁栄そして快適な生活に慣れ親しむと、これらが簡単にやって来たように思えます。同様に、貧乏と失敗も、それらに慣れ親しんでいる人々のところに簡単にやって来るのです。

善い習慣も悪い習慣も容易く、そして知らぬ間に行動に移されます。善い結果と悪い結果をもたらしながら……。成功も失敗も習慣なのです。ですから、あなたがもし貧乏と病気になじんでいるなら、代わりに繁栄と健康に慣れ親しむことを学ばなければなりません。もし失敗と病気そして無知が永年の同伴者であるなら、それらをすべて永久追放して、成功と健康そして叡知の助けを取り込んでください。それを妨げるものがあるとすれば、意志の欠如以外にはありません。

成功、健康、叡知は魂の本来の属性であり習慣です。軟弱な習慣と思考、集中力と忍耐力そして勇気の欠如は、人々の苦しみの、そして悲惨の元凶なのです。

4

Developing Habits of Success

ささいな仕事も丁寧にやりなさい。仕事中、あなたの注意力の五~六パーセントしか使っていないことを知っていますか？ これからは、自分の仕事をするのに一〇〇パーセントの集中力を使うべきです。すべての善い仕事は、もし神聖な意識で仕事をこなすなら、神の仕事となります。動機に利己的なものしかないときにのみ、その仕事は物欲的なものです。お金儲けをするに当たり、たとえあなたに家族がいなくても、いつも家族や同胞のためにそうしているのだと思ってください。物欲的なものと霊的な仕事との間違った区別を破棄してください。

現在の仕事を愛してください。しかし、いつまでも現状に満足はしないで

4

Developing Habits
of Success

ください。進化し、今の仕事で最高を目指して努力しなければなりません。あなたは魂の無限のパワーを表現しなければなりません。もしあなたがさらに上を目指して努力するならば、ひとつひとつの階段が新しい段階への踏み石となるのです。あなたはどんな時も、新しい成功を創造し生み出していかなければなりません。しかし仕事の奴隷にはならないでください。

成功の舞台は左記のもので構成されています。

1．あなたに適していて、この世的にまた霊的に善い職業の選択。
2．仕事に集中と愛と関心をもって従事する。
3．仕事への持続的な関心と並はずれた忍耐。
4．機械的習慣への傾向を止める継続的進化の思考をもつ。
5．成功の王国を見つける。

不成功の人はすべて、この法則を知らないか、もしくは知っていながらそれに反しています。

4

Developing Habits of Success

人生における好機《チャンス》は、創造することでやって来ることを忘れてはなりません。偶然にやって来るのではありません。今か、もしくは近い過去か、あるいは遠い過去において、あなたによって創造されるのです。今もし、好機がないなら、神なる意志でもあるあなたの意志によって創造してください。そうすれば好機があなたのもとにやって来ます。そうした機会は、決して幸運によってひとりでにやって来るものではありません。

成功は、一所懸命に働く人のためのものです。創造的能力のある人、いかに無駄を省くかを知っている人のためのものです。成功は、自分のお金を金融の専門家に意見を求めて投資する人のものです。成功は失敗の後でも、より一所懸命お金儲けに努力する人のためのものです。成功は、絶え間なく働く能力をもつ人のためのものです。

成功は、人格者で几帳面な人のところに訪れます。成功は、過去の栄光に安住しない人のところへ訪れます。成功は、小さな仕事をうまくこなす人のところに訪れます。成功は、ビジネスの宣伝に嘘がなく、最良のものを提供する人のところに訪れます。成功は、思考の明晰な人のところに訪れます。そうした人は仕事に没頭し失敗を恐れません。

成功は、他人を繁栄させることによってお金を儲ける人のところに訪れます。成功は、自分のために使うのと同じ自発性と喜びをもって、神の仕事のためにお金を使う人のところへ訪れます。

奉仕の霊的意味を知り、人類への最高の奉仕となる仕事をすることを学ばなければなりません。お金よりむしろ奉仕をあなたの目標にしてください。そうすれば、人生の計画全体が変化していくようになります。決して目標を見失うこともありません。

物質界での人生と霊的人生をバランスさせることができる人はほとんどいません。しかし忘れてはなりません。霊的な人もお金が必要だし、また、物がすべてだと思う人も神なしには幸福にはなれないのです。自分ではなく神の意識で働く必要があります。物がすべてだと思う人も働きますが、自分が行為の主体だという意識で働き行動するため、自分の価値判断によっておち込んでしまうのです。

もしビジネスの根本が真実に根ざしていないなら、みじめさと苦悩を避けることはできません。

利己意識にもとづく贅沢を排除しなさい。魂の中でのより大きな贅沢を楽しむのです。知識、叡知そして神の愛で着飾ってください。簡素に生活することを学び、他人のよいところを見、他人に奉仕しながら普通の生活規範に従って生活してください。心の中に利己心があるなら、統一意識は決して訪れません。

仕事でなくとも人間としての義務もあります。そうした義務を忘れる偏った考えのビジネスマンは、本当の成功を収めることはできません。成功した正しい人生を送るには、極めて熟達した能力が必要とされます。お金のことにしか関わらない人は神から取り残されます。

4

Developing Habits of Success

贅沢への欲望を断ちなさい。あなたは神の子であり、神と地上のすべての繁栄があなたの背後にあることを信じて、比較的廉価なものを美しく使用することを学びなさい。神の子ゆえに、すべてをもっているのです。そのことは、特に瞑想によって神の放蕩息子から真の神の子に変わる時、神のもつものはすべて、あなたもまたもっているのだということを知ることになるのです。

1．贅沢を減らす。
2．自分は神の子であると思う。
3．世界中の人々を自分の兄弟姉妹と思う。

4．自分のため、他人のために、繁栄を追求する。
5．毎日瞑想の余韻の中で、建設的な成功の想念を育む。

自分のためだけに繁栄を追求する人は、いずれ貧乏になるか、精神の不調和をきたすことになります。世界を自分の我が家と思い、仲間や世界の繁栄のために働く人には、その人をしかるべき正当な繁栄へと導く、精妙なフォースが起動し働いてくれます。これが最も確実に成功をもたらす秘法なのです。

繁栄は創造的能力だけによっているわけではなく過去の行為、さらに精妙な原因と結果の法則にも依存しています。その法則が繁栄を、例外なく平等にすべての人に分配するパワーをもっているのです。アストラル界からこの肯定的繁栄のパワーを呼び出す人は、どこへ行こうと成功します。ですから自分や家族のためだけでなく、より大きな友人や仲間、国家、そして世界のための繁栄を探究してください。

4

Developing Habits of Success

第5章

成功の道具

ビジネス・スーツを着たヨガナンダ（一九四〇年代）

集中力

善き心の習慣を発達させるのに長くはかかりません。実は強力な意志力を発揮するなら、健康や成功、そして叡知の心の習慣は一瞬にして形成されるのです。忍耐と勇気そして神と自分への信頼をもって、当然の権利としての必要かつ不可欠な要求に集中するなら、人はそれらを自由自在に実現することができます。

5

Tools of Success

精神的、知的能力は集中の技術に依存しています。人は、集中のための科学的方法を知らなければなりません。それによって、注意がさまざまな対象に拡散するのを防ぎ、一度にひとつの対象へと集中できるようになるのです。その集中のパワーによって、人は欲するものを成就させる無尽蔵のマインドパワーを使うことができ、失敗が忍び込むかもしれないあらゆる扉を塞ぐことができるのです。今まで成功を収めた人はすべて偉大な集中の達人であり、「問題の海」に深く沈潜し、正しい解答という真珠を発見してきたのです。ほとんどの人は注意を紛らせるものに囚われて呼吸困難になり、成功の真珠を見つけるまで息が続かないのです。

しかし、集中力が強力であっても、また問題の海に飛び込んでも、成功の真珠を発見できないことがあります。強力な集中力をもつ多くの人がいても、成功を見つけるべき場所を知らないからです。繁栄を手に入れるのに考慮すべきもうひとつの要点がここにあるわけです。

ほとんどの人は機械のように、人生の理想や計画を意識することなく、また霊的な真理への明確な知識をもつことなく、生活しています。人は、このことを決して忘れてはなりません。人生の目的をもつということは人間にとって重要な能力のひとつであるということを。自分がどこに向かっているのか知っており、そこにたどり着くのだと固く決意している人には全世界が道をゆずってくれます。ですから、あなたが人生の目的に絶対的な決意をもつなら、すべてをその目的に奉仕させるべきなのです。

物質界での目標は、当然、最高の事業能率、心の平和、健康であり、総合的な成功です。しかし物質的繁栄は、そうした成功の要素を自在に入手できる精神力を手に入れるところにあるのです。大きな富があっても必ずしも健康や平和もしくは高い能力をもたらしませんが、精神力と心の平和を入手するなら、必ずバランスのとれた物質的成功をもたらしてくれます。

5

Tools
of Success

最初からすべての試みで成功するなどと期待してはなりません。幾つかの企画は失敗しても他のものは成功します。成功と失敗は相関しているのです。一方は他方なしにはありえません。ですからエネルギーを集中して目前の問題や、仕事に取りかからなければなりません。必要とされるものが何であれ最善を尽くすのです。これがあなたの人生哲学でなければなりません。

意志力

強い意志は、その強力なパワーによって、成就への道を自分で切り拓いていきます。まさにその強さによって、その意志が大気中に、ある種のバイブレーションを起こすのです。自然は秩序、組織力、効率の法則を道具として使って、意志のパワーを発揮する人に好都合な環境を出現させるのです。意志はその強さを、正当な目的、気高い動機、そして世界のために善いことをしたいという尊い思いから引き出します。強い意志は決して抑圧されてしまうことはありません。それはいつも自分で道を見つけます。

5

Tools of Success

他人のできることは、それが何であれ、あなたにもできます。ある時友人と食事をしていました。すべては、ロックフォールチーズがテーブルに出てくるまで、うまくいっていました。インドでは新鮮なチーズしか食べないので、私はそのチーズに小さな緑色のカビの斑点を見たときは極めて不審に思いました。心の底からぞっとしました。脳細胞は「これには手を出すな！」と警告を発していました。しかしアメリカ人の友人がそのチーズを食べるのを見たので、私は勇気を振り絞ってその一塊を口に入れました。

それが胃袋に届くやいなや、それまで食べたご馳走すべてを反吐《もど》しそうになりました。身体の中で大きな抗議の声がし、騒動が沸き起こったのです。

その声は、もしロックフォールが胃の中で一緒になったら、食べたものすべてが身体から出て行ってしまうという知らせでした。私はあえて口をつぐんだまま、「チーズはお気に召しましたか」というホストの問いかけに黙ってうなずきました。しかし同時に、ロックフォールチーズをおいしそうに食べている友人たちの顔をまじまじと見て、私はすぐさま決意したのです。深く集中して、自分の脳細胞に命令しました。「私が君のボスだ。召使いの君は、私に従わなければならない。この馬鹿げた反応をやめなさい」と命じたのです。次の瞬間から私は完全に「ロックフォール君」と一緒にいることを楽しみました。今では彼が「私の消化室」を訪れる時はいつも大歓迎されています。

5

Tools of Success

「**願い**」とは、あなたが実現することができないと思っている欲求です。「意志」とは「欲求＋エネルギー」、つまり「私の欲求が実現するまで私はやる」という意味です。**意志**を実際に行使する人がほんのわずかしかいないのは驚くべきことですが。しかし間違って使うべきものではありません。意志は叡知によって導かれなくてはなりません。

この人生で、人々はひとつの共通のゴールに向かってさまざまな道を辿ります。ある人はお金、ある人は健康、その他に名声を欲しがる人もいます。欲望はさまざまです。しかし、自分の願いを成就させるまでのパワーをもつ人はほとんどいません。脳の中にやって来ては去っていく欲望！　それに気付いていますか？　欲望に心を蝕まれながら、その欲望を実現させるのは不可能だと感じる時、それは願いとなります。時として誰かが、「エジプトの王だったらなあ」とか、そうした何か不可能なものを願うのを聞きます。これらはご存知のように実現できない願いなのです。

自分の意志のパワーを使うべきでないと思っている人も多くいます。しかし意志を使うのを避けることは不可能です。食べるために意志を使います。動くためにも意志を使います。意志を発揮するパワーが身体から去る時、それは人の死です。意志を使うことができないのは、麻酔薬の影響下にある時だけです。

もし慢性的な無気力症状に陥っているなら、ただちにそうしたものをきっぱりと断ち切らなければなりません。嬉しくて、笑いが溢れ出るまで、何か

5

Tools of Success

楽しいことを考えてください。自分をコントロールするのです。自由自在に意志の力によって、苦しみを喜びに、憎しみを愛に、恐れを勇気に、偏見を寛大さに変えることを学ぶ必要があります。

なぜ人は失敗するのか分かりますか。それは諦めるからです。私はよく言うのですが。もし私に仕事がないなら、世界中を揺り動かします。そうすれば、私を黙らせるただそのためだけに、世界は私に進んで仕事を与えてくれるのです。あなたは意志の力を発揮しなければなりません。もしあなたが固く決意して火のごとく進むなら、その炎によってその道中のすべてが燃えあがるのです。弾丸が飛びかう中を、背後にある神の意志を携えて歩むのが、思いを実現する人なのです。

無知の谷からこの意志のパワーを呼び起こしてください。どのようにそれを進化させることができるのか言いましょう。まずあなたができないと思っている小さなことを取り上げてください。全力でそのことを完成するよう努力してください。そしてそれがやり遂げられたら、少し大きなことに取り組んでいき、意志を発揮し続けるのです。もし困難が大きければ「主よ、このすべての困難を征服する力をお与えください」と祈ります。あなたが何者であろうと関係ありません。意志の力を使い、**固い決意をもち**、ビジネスにも瞑想にも、そのパワーを使わなければなりません。

意志の力はあなたの中に埋め込まれています。そのパワーを使えば、成就できないものは何ひとつありません。すべてのもの、自分の肉体さえ、創造したのは意志です。あなたが全力で成功のために努力を始めるまで、次から次へと欲望に流されていくのも意志なのです。しかし驚くべきことに、その意志力を発揮させる人はほとんどいません。

強力な意志力を伴う思考という意味は、その思考が脳から発露して形を為すまで、その思考を止めないということです。意志力がそのように発揮され続けるなら、あるいは、あなたの意志力で他人を癒すことができるようになるなら、あるいは、その意志力によって運命を支配できるようになるなら、まさにその時、あなたは山に向かってこう言うことができるのです「海の底へと沈みなさい」と。そして、そうなるのです。とてつもないことが、できるようになるのです。

真の豊かさ、それはあなたが何を所有しているかではなく、何を自在に自分の意志で手に入れられるかなのです。ヨギは多くの物質的所有物をもっていないかもしれませんが、精神を集中する能力により、意志で必要とする金銭的成功を自在に成し遂げることができます。（もちろん、ヨギは利己的な欲望を満足させるわけではありません。願いは唯一、魂のなかで神の愛が永遠に支配することなのです）

意志が叡知に同調しているなら、その意志は神の意志に導かれます。それがイエスの「御心が行われますように」（マタイ6－10）と言われた意味です。怠けものは祈りだけで、すべての困難が解決できると思っています。しかし人は意志力を発揮し、それを神の意志に同調させるよう努力しなければなりません。意志が何かあるものの周りをいつも回り続けるなら、それは**強大**なものになります。これがイエスが、そしてすべての偉大な聖者がもっていた意志の力なのです。

あなたの意志の背後にあるのは神の意志です。何かを意志をもって行おうとする前に、自分は何をすべきか、ということをよく考えなさい。自分の意志があなたにとって何か善いこと、助けになることを成就する方へと向いているということを確かめてください。消極的な態度は善くありません。消極的な人は、自分を動くことのない石に変えてしまっています。意志はそれを使うことで勝利するよう与えられたのです。あなたの意志の中に、神の意志があることを忘れないでください。

自分自身に言うのです。「私は自分の意志ですべてを行います。この意志は私の中にある神なる意志の反映である」と。

5

Tools of Success

心の中に、神以上に愛さなければならないものはありません。もし神を欲するなら、心の中から神以外のものすべてを捨て去るために意志を使わなければなりません。もし神を欲するなら、あなたの触れるもので間違ったものは何ひとつありません。忘れないでください。人はただひとつのものを欲しているのです。「神よ、あなたの愛が私の献身の聖域で永遠に輝きますように。すべての人の中にあるあなたの愛を目覚めさせることができますように」これが私の唯一つの祈りです。私は自分の身体のためにさえ祈りません。自分一人で神を享受したいとは思いません。人々の心の中に神の意識を確立したいのです。

ですから忘れないでください。友よ、最も偉大な意志は神のみを求める意志なのです。神は不滅です。神とともにすべての善きことが訪れるのです。意志力を育て、欲望へと向かう意志の方向を変え、人生は夢にすぎないことを知るのです。神を求めるために意志を発揮することを決意してください。

神の沈黙という城塞を破壊するためには、あなたは何度も何度も祈りと意志のパワーという砲弾を撃ち込まなければなりません。神は沈黙という城塞に囲まれていますが、もしあなたが次から次へと瞑想と意識の集中による砲弾を撃ち込むなら、その壁は崩れ落ち、神の栄光が突如として姿を現すのです。

5

Tools of Success

人間の意志は、家庭、環境、世界情勢、そして運命というその人の小さな枠の中で機能します。しかし神の意志は運命の軌道を変え、死者を蘇らせ、太陽や星の運行を変えることができるのです。深い瞑想と叡知に導かれ、断固としたくじけない決意によって、私たちが気高い欲求を、諦めることのない意志で追求し続けることに成功するなら、その時、私たちの意志は神の意志となるのです。

ですから人生を完全に支配するため、また、先天的、後天的原因による失敗の根を破壊するためには、どんな仕事を手がける時にも意志の力を発揮しなければなりません。そうすることではじめてあなたの意志は、人間の意志にすぎないという救い難い誤解を脱し、全能なる神の意志となるのです。神の意志を**手に入れようとする**必要はありません。それは既にあなたのものであることをただ理解すればよいだけなのです。

祈り。「あなたは我らが父なり。我らはあなたの似姿に創られたり。我らは神の子。我らは乞食のように頼み祈りはしない。ただ、あなたの子供として、叡知、救済、健康、幸福、そして永遠の喜びを求める。よい子であろうと、いたずらっ子であろうと、我らはあなたの子供。どうか我らの中のあなたの意志を見いだすのを助けたまえ。あなたの叡知に導かれた意志に同調した人間の意志という贈物を使えるよう教えたまえ。叡知に導かれて我らの意志が使えるよう教えたまえ」。

5

Tools of Success

引き寄せる力

人は磁力を働かせることを学ぶべきです。すべての人は磁力をもってい て、そのパワーによって正しい夫、正しい妻、正しいビジネスなど、そうしたものを引き寄せています。もし磁力が正しくなければ間違った人や物を引き寄せます。その精妙な磁力の特性を発達させることを学ばねばなりません。その磁力によってあなたは、欲するもの、善きものを引き寄せることができるのです。

一人ひとりの人間は、神の磁力が流れる媒体をなしています。しかし物質的欲求、復讐、嫌悪、そして劣等感は、その磁力を台無しにします。ですから、その磁力の流れを妨げないようにしなければなりません。

瞑想は実験室です。神と神の磁力が、あなたと共にあるのを知ることができる空間なのです。どこにいようが、やさしさを惜しむことなく与えてください。心を神で満ち溢れさせ、あなたの両脚を神でみなぎらせ、あなたの両目が神で満ち溢れるようにさせてください。

5

Tools of Success

私たちの中に磁力があります。それによって、私たちの磁力に感応関係をもつ人々を引き寄せるのです。人間は石を引き寄せることはできません。なぜなら、石には人間との関係がないからです。私たちは、磁力にある一定の範囲とパワーがあることを知っています。小さな磁石は小さな物を引き寄せます。大きな磁石は大きな物体を引き寄せます。人間磁石は引き寄せのパワーの大きさに見合うものを引き寄せます。ある人は物質的なものを引き寄せます。ある人は精神的なものを引き寄せ、そしてある人は霊的なものを引き寄せます。それは人がどのような磁石でありたいかに依存しています。

私たちは、二種の磁石を発達させなければなりません。ひとつは神を引き寄せる磁石。もうひとつは物質的に必要とされるものを引き寄せる磁石です。もし私たちが全磁力を物質的なものを得るためにだけ使えば、早晩、幻滅することになるでしょう。神が私たちに身体を与え、私たちは、それを面倒を見なければならないのは間違いありません。しかしまず最初に、私たちが霊的磁力を発達させるなら、そのことが、適切なやり方で、物質的必要性が満たされるよう私たちを導いてくれるのです。

磁力をもつためには、身体を毒から守る必要があります。もし身体が毒に満ちていれば、あなたのエネルギーは程度の差こそあれ、身体の中から出ることができません。そうした毒を洗い出してしまうようにしなければなりません。内側がクリーンであれば、あなたの全エネルギーは目から、顔から、身体から発散されるのです。

食事には注意が必要です。生食《ローフード》は磁力を生成します。ビート、ホウレン草、そしてレタスは生命力に満ちていると同時に磁力を与えてくれます。

肉を摂りすぎると磁力を失う原因となります。なぜなら動物の磁力が、知らぬ間にあなたの磁力を損なうからです。肉は人を物質界にあまりにも強く引きつける原因となり、その結果、あなたは霊的な交友ではなく肉体的交友を引き寄せやすくなります。肉はまた、異常な性生活を引き起こします。少しばかりの肉を食するのは害にはならないでしょう。しかし、もし毎日食すのを習慣とするなら磁気性能を破壊してしまいます。肉の代替食品やもっと高品質なナッツやナッツミートを混ぜた物を食べるようにしてください。

蛋白質やでんぷん食品を摂りすぎると、身体の中に毒素を滞留させることになります。ふんだんにフルーツや野菜を食べることは、あなたの磁力を強化します。フルーツは野菜よりも、より磁力があります。フルーツは日光と生命エネルギーで満ちています。過食はよくありません。胃に休息を与えるので断食は大変よいと思います。

人の目や身体の磁力は、食べ物の種類によって弱められたり強化されたりしているのです。


私たちが下す命令に従うことができる強い肉体をもつためには、肉体の磁力を強化しなければなりません。身体をいつもエネルギーで充電することで大きな磁力が得られます。

精神の磁力を獲得するためには、何事も深く集中して為さなければなりま

5

Tools of Success

せん。何かの職責なり、ビジネスにおけるトップの地位にある人は大きな磁力をもっています。もし五感のいずれかの感覚の奴隷になるなら、磁気は失われます。もし五感を支配しているなら磁気は強化されます。感情的になることなく中立的、中道的精神状態を発展維持することが、磁力を発揮して生きる方法です。感情は、そのまま表出するのではなく、パワーに変換され叡知によってコントロールされなければなりません。そうすれば、人は偉大な磁気を手に入れることができます。

見たり聞いたり、手を動かすたびごとに、人は磁気電流を放出しています。もし意識が散漫であれば磁気を帯びることはありません。ある思考を放出する時、その思考と共にエネルギーが放出されます。もし何か他のことをしながら、あることを思考しているなら、エネルギーは二つに分割されます。自分のしていることに完全に集中してはじめて磁気を発揮できるのです。

断固としていることは磁力を生じます。正しい言葉は磁力を生じます。優しいことは磁力を生じます。

私たちは交際する人に注意を払わなければなりません。というのは、思考を通し、握手を通し、相手の目を見ることを通し、他者と持続的に磁気を交換しているからです。ある人と握手をするや否や、磁場が形成されます。その力の強力な方が、もう一方にそのバイブレーションを伝えます。人は交わる相手に似ていきます。会話によってではなく、身体から放出される無言の磁気バイブレーションによってそうなるのです。私たちがその人たちの磁場の領域に入っていくとき、彼らと同じになっていくのです。

もし人が芸術家になりたいなら、芸術家と交際してください。もし有能なビジネスマンになりたいなら、成功したビジネスマンと交際してください。

もし霊的巨人になりたいのであれば、神への献身者《ディボーティー》と関係をもってください。人は神や聖者に思いを馳せることによって、宇宙的磁気を高めることができます。ある人格に深く集中することによって、人はその人格を引き寄せることができます。そのゆえに、人は偉大な人々をのみ思うべきなのです。もし邪な人々に焦点を合わせるなら、その人より自分がパワフルでないかぎり、人はそうした人々の性質を引き寄せることになります。もし私たちがある人と一心同体であるなら、その人の欠点も美点もすべてを引き寄せることになります。

5

Tools of Success

磁石は、ある一定の範囲にある鉄や鋼《はがね》の破片を引き寄せる磁場を構成する陰極と陽極をもっています。磁石が磁化されていない鉄や鋼にこすられるなら、それらもまた磁化されます。人もまた同時に、自分が深い愛をもって、尊敬に満ちた視線を注ぐ魅力ある人との密接な関係をもつことによって、磁気を帯びることができるのです。人はまずどのような種類の磁気を望んでいるかを決め、その後その種の磁気をもっている人を具体的に選ぶべきなのです。

例えばもしあなたが失敗者で成功を望むのであるなら、ビジネスで、芸術で、職業において成功を収めている人々と、可能なかぎり関係をもち握手をしなさい。

握手をする時、二つの磁石が形成されます。上位にあるものが、つまり二つの極をもつ霊的磁石と下位のもの、つまり二対の極としての両足をもつ肉体的磁石の二つです。握手における双方の手の結合が上位と下位の磁場のカーブが交わるポイントであると同時に、共通の中立ポイントを形成します。

経済的には貧しくとも霊的な人と、霊的には貧しいが繁栄したビジネスマンが試しに握手するならどうなるでしょう？　二対の足を通って磁石の二極を形成しながら、二人は肉体的資質を交換します。そうした二人が何度もしっかり握手をするだけでなく、さらに、精神的に濃密な接触をするなら、上位の磁石のおかげによって、ビジネスマンはより霊的になり、霊的な人はより繁栄することになります。脚部によって形成された下位の磁石のパワーを通して二人はよくない資質もまた交換します。霊的な人もビジネスマンも、そのどちらにも職業的資質に影響が及ぶのです。

5

Tools of Success

神の磁力はあらゆるパワーの中で最強のものです。私たちの心から祈りが溢れ出る時、そして私たちに話しかけるため、神が沈黙の誓いを破るその時、私たちは神なる磁力を手に入れるのです。私たちは、不滅なるものを引き寄せるための、霊的磁力を高めるための時間をもたなければなりません。最高位のものを引き寄せるためのパワーを発揮するのです。そうすれば、より低位のものはすべて簡単に引き寄せることができます。

私たちはこの身体、肉体という住処から自分自身を分別し引き離さなければなりません。私たちは無限なるものがスパークして生まれます。身体に属するものは何であれ必滅です。心に属するものはすべて、半必滅です。魂に属するものはすべて不滅です。私たちは、必滅なるものと不滅なるものとの区別をつけなければなりません。

神の磁力《マグネテックパワー》に同調してください。いつも神のことを思ってください。そうすれば、あなたがどこに行こうと神は一緒にいてくださいます。そして、すべての善き欲求、遠い過去に為された欲求でさえも、やがて実現されるのです。

第6章

職場での成功

FREE LECTURES
by
SWAMI YOGANANDA
RENOWNED LECTURER, EDUCATOR, ORATOR, PSYCHOLOGIST AND METAPHYSICIAN FROM INDIA

合衆国における一連のヨガナンダ無料講演告知ポスター（一九二〇～三〇年代）

ビジネスの主目的は単なるお金儲けではなく奉仕《サービス》であるべきです。人は最高のサービス、最高の製品を提供する店が好きです。ビジネスは他人《ひと》を幸せにするための奉仕だということを忘れてはなりません。

繁栄の原理は利己主義の法則ではなく利他主義の法則に支配されています。一人ひとりが他者のために生きるべきです。自分を支えるには他者もまた支えなければならないのです。

あなたの為すことすべてに、心と魂を込めなければなりません。そして、自分の環境にいつまでも留まらないでください。注意深く監視しなければならない環境に二種類あります。あなたの外側の環境と内側の環境です。外側の環境を変えることで、仕事においてより善い成功を収めることがあります。しかし新しい状況が今までの職場より、あなたにとって善いということが確信できないかぎり変えてはなりません。

6

Success in the Workplace

自分の職業に関しては、心の底にある関心、天性の傾向、瞑想による直感に従って選んでください。あなたが好きでないビジネスでの成功を求めようとしてはなりません。

小さな仕事を一時的にすることは問題ありません。しかしそのような仕事に生涯留まることは、あなたの創造性に反する罪です。小さな重要でない仕事は経験の浅い新人にまかせ、あなたは、そのような仕事で経験を積んだ後、より上位の地位を目指さなければなりません。

ほとんどの人は、何かを完璧にやりたいと切望しながら人生を過ごします。例えばピアノを弾いたり、絵画を描いたりしながら。しかし人々は怠惰といい加減な心構えのせいで、その完成に至るのに必要とされる努力をまっとうできないのです。その人たちは「実践するための時間がない、よい先生が見つからない、どうせ私には才能がない」と言いわけするのです。類まれな才能は、ゆるぎない目的意識や、たゆまない努力ほどには必要なものではありません。ほとんどの人が物質的、精神的そして霊的欲望の達成に失敗するのは、目的意識を断固として持続する努力が欠けているせいなのです。

もし、あなたが芸術家やビジネスマンになりたいなら、知り得る最高の芸術家やビジネスマンと関わらなければなりません。関わるという意味は、知的な注意を向ける、愛に満たされた興味津々の交流という意味です。もしあなたが偉大な人々のやり方を学ぼうとして、そうした人に興味が惹かれるなら、彼らもまた、あなたに興味をもつのです。もし偉大な人々に出会う機会がなくとも、少なくとも彼らの本を読み、彼らの成功したビジネスの経験を学ぶことができます。

霊的であるためには、最高次の霊的覚醒をした人と関係をもたなければなりません。そして、もっともっと深く瞑想しなければなりません。

6

Success in the Workplace

ビジネスにおいて最も頼れるのは、あなた自身、またあなたの覚醒した創造的能力以外にはないことを忘れてはなりません。すべての困難は、継続的なプランニングと忍耐によってのみ克服できるのです。敗北を認めることを拒否してください。そうすれば勝利します。何度も試みた後においてなお、ビジネスが成功しないなら、他のことを試みるのです。何らかの成功を達成するまで努力し続けるのです。あなたの経験が生かせるビジネスの延長線上で努力するのが賢明です。

6

Success in the Workplace

天職を見つける

人は動かずにいることはできません。前進するか、後退するかのどちらかです。あなたの生き方に最もふさわしい道を選ぶならば、あなたの理想と実力とが結びつけられます。

あなたが行商から身を起こしたとします。最善を尽くし懸命に働き、考え、計画を立て、それでも成功しないとします。自分自身を分析するのです。そうすれば子供のころより、自分が小さな菜園を耕し、黙想と平和を楽しみ、時には風景画を描くような閑静な住まいを望んでいたことを思い出すかもしれません。もしかしたら、菜園をもつ芸術家になりたいという子供のころの願いが過去生から漂い出て来たか、あるいは誰かに強く奨められたのかもしれません。農民になりたいという衝動によって、あなたの熱心さや高い望みが害されていたかもしれません。ではいったいなぜ、人は既にでき上がっている傾向にさからった方向に努力したりするのでしょう。

三才から十二才の間に生来の心の欲求というものを形成しますが、ほとんどの人はそれに気付くことがないからです。自分自身を注意深く見て、多くの欲求のその下を流れる心の奥にある明確な欲求を見つけなければなりません。いちばん底にある欲求、いつもあなたと共にあって、聞き届けてもらおうと必死に声を出している欲求、それがあなたの従うべき、そして真の成功へと導く大天使なのです。

もし自分の職業に心から満足していないのであれば、それはあなたの正しい道ではありません。もしあなたが永遠の平和や幸福の館に到達したいのであれば、どんな道であれ心の声が告げる道を追求すべきです。人は間違った方向へ旅しても決して幸せにはなれません。

しかし同時にまた、現実的ですべてに常識的であるべきです。というのも心の渇望に従って芸術の道を行く人は、芸術的空腹感を満足させるかもしれませんが、その人の家族の肉体的空腹に対応するほど十分には収入が得られないことがあるからです。

あなたの人生に最も適した道は、理想と現実の生活との間で妥協を図ることかもしれません。しかし意志のあるところ道はある、ということを忘れてはなりません。例えば、菜園への渇望を、たとえ裏庭しかなくて、またお金儲けのために町に行かなければならないとしても、諦めてはなりません。もしかすると、郊外に家をもち、庭仕事に平和を見つけて週末を過ごすことも可能になるかもしれないのです。

⚜役割をうまく果たす

自分の生まれながらにもつ大望を発見し、いかにしてそのためのお金儲けの手段を築くかを学ぶことの他に、この世に送られてきた「宇宙の計画」を成就するための何かを毎日しなければなりません。なぜなら、ほとんどの人は幸せではないからです。自分の地上での後天的義務と「宇宙の計画」によって要求されている義務とを調和させるのを忘れているからです。宇宙の計画は、自分の幸福の中に最も貧しい人々の幸福を含めることによって、魂を満足させるべきであると要求するのです。

苦しんでいる人々を毎日物質的に、精神的に、あるいは霊的に引き上げるのを助ける努力をしてください。丁度あなたが自分自身を、あるいは家族を助けるように。みじめさを創りだす利己的な生き方をするのではなく、もし神の法に沿って生きるならば、その時人生のステージで果たす役割がどんなに小さくとも、私たちすべての運命を決める「あの舞台監督」による指示どおり正しく役割を果たしていることが分かります。あなたの役割はどんなに小さくとも、人生の舞台での魂のドラマの成功に貢献することにおいて、大役とまったく同じように大切なのです。大金を稼ぎ、終わりのない心配を抱くより、質素な生活をし理想を表現することの方に満足を見いだしてください。

試練をいかに克服するか

試練はあなたを破滅させるためではなく、神に対しより感謝できるようにするためにやって来るのです。神がこうした試練をもたらすのではありません。あなた自身がつくりだすことによって生じます。為すべきことは無知の環境から、あなたの意識を復活させることだけです。今置かれている環境から来る困難は、あなたが過去のどこかで為した意識的、無意識的行為のせいで生じているのです。その責任を、劣等感を募らせることなく受け入れなければなりません。

こう言ってください。「神よ、あなたが来られているのが分かります。あなたの瑞兆の光が見えます。試練の嵐の海で、あなたは難破した私の思考を導く北極星です」と。恐れるべきものは何もありません。忘れないでください。あなたは単なる人間ではありません。不滅の存在なのです。

イエスがその愛を示し、そして痛ましい試練を受けた時に「父よ彼らを許したまえ。なぜなら彼らは何をしているか分かっていないのですから」と言うことができたように、あなたもまた現在の試練を受け入れ、そして「私の魂は復活した。私のパワーはこの試練より大きい。なぜなら私は神の子だから」。かくしてあなたの精神のパワーは拡大し、覚りの器は、知恵の海を擁するほどに大きくなるのです。あなたに幸福と繁栄がもたらされるのはその時なのです。

⚜私自身の経験

私は子供のころから哲学と宗教が大好きでした。そして自分の学校と団体を設立しようと固く決意していました。また、他人の下では生涯働かないと決めていました。私にとっては、親が準備していたような鉄道会社の社員になることは馬鹿げたものに思えました。私は成功への無限の確信をもって自分の道を歩み始め、事実成功したのです。成功は強い決心と、何事をやるにも天なる父の導きに対する信頼があったからです。私の高い能力は第一には神と創造的思考力から来たものであり、人間的教育訓練からはわずかしかありませんでした。

ゴールを目指して、私はさまざまな分野で成功を収めるべく努力していました。手がけたすべてで成功を収めた後、人生最大の取り組み、霊的団体組織を設立するという仕事に全力で取りかかりました。カルカッタで三～四人の人数で小さな土壁の小屋で最初の仕事を始め、最後にはインドで堂々たる学校を、そしてアメリカでの何千という学徒を擁する夢のような本部を創建したのです。

こうしたことを話すのは自慢したいからではなく、今まで話して来たことが、私自身の成功体験からきており、理論からではないということを示すためなのです。私のようにみすぼらしく弱い人間が、もし人々に奉仕するための何かを達成できるのであるとするなら、多分最初のころの私よりは強いであろうあなたが、他者の成功をも内包するあなたの成功のために、何かを為すことができるのは間違いありません。

6

Success in the Workplace

雇い主を満足させる

すべての雇い主は給料のためだけでなく、雇い主と同じようにビジネスの発展に対し頭を使い創造的で熱心な関心をもち、全霊を傾けて働く信頼できる従業員を求めています。雇い主と雇い人は、彼らが取り組んでいるビジネスを真に成功させるという共通の目標があります。両者ともひとつの大きな目的のために働く奉仕者なのです。

雇い主を喜ばせる一番の方法は親切で従順で感じよくふるまい、その会社で他の誰にも負けないほどよく仕事をして彼に尽くすことです。このようにすれば、そこで最高の地位を得ることができます。そしてさらに、自分の創意工夫の才能を育んでいくならば、雇い主はあなたなしではどうしようもないと感じるようになり、もしかすると雇い主はさらに、ビジネスの共同経営者になるようあなたに積極的に求めるかもしれません。

　雇い主または直属の上司の正当な命令には必ず従わなければなりません。一生懸命で頭脳的な生産的仕事ぶりによって、また極めて快活でかつ礼儀正しく、そしてまた、雇い主の仕事の一部を行うことによって、喜ばせ続けるよう努力してください。気難しい雇い主には、あなたのやさしさと丁重さを増大させることによって、また内面的には、その人の軽率なふるまいを見ないようにすることで耐えてください。瞑想中に眉間のポイントに集中し、そして「天なる父よ、私の雇い主を鎮めてください」と天に届くよう発信してください。

　忍耐、創造力、日々の瞑想において神の無限のパワーに同調すること、正直なビジネスのやり方、雇い主への忠誠、あなたが雇われている会社を自分自身の会社のように思うこと、直属の上司や会社のオーナー、そして宇宙なる雇い主《ボス》である神と同調するこうした方法を用いることで、仕事上の雇い

6

Success in the Workplace

主を、そして聖なる雇い主である神を喜ばすことができるのは間違いありません。

真の雇い主は神であることを忘れないでください。神は自分の仕事を実行するために、ある人の下に、あなたを雇っているのです。ですから、どんな小さな仕事であっても、それを楽しく、神を喜ばせるという強い意識をもって行ってください。神のために働き、自分がその下で働かなければならない雇い主たちをすべからく尊重する人は、誰であれ、決して失敗することはなく、無限の成功を避ける方が困難です。

瞑想中、こう祈ってください。「天なる父よ、職場において最高の働きができますよう祝福をお与えください。天なる父よ、雇い主や、私の接する人すべてに、喜びを与えることができますように」。

⚜究極の目的は奉仕

もし、あなたが雇い主の収入を正当なやり方で増やすことによって、またあなたの創造的な能力によって、雇い主が十分に満足するなら、雇い主は自分自身のために喜んで最高の地位をあなたに与えます。考慮すべきはお金儲けではなく、創造的な能力です。そうすれば、お金は、人を支配するものではなく下僕になるのです。

ほとんどの労働者は高い地位を求めます。しかし必要とされる高い生産性や、創造力、忠誠心、そして非利己的な利益追求の能力を発展させることをないがしろにします。職場のために、より多くのお金を儲けることによって自分を引き上げようと望むことは罪ではなく、「無私なる利己」と呼ばれます。あなたの利己は、あなたの雇い主を助ける無私なる欲求へと向けられなければなりません。

6

Success in the Workplace

忘れないでください。自分がより役立つ人間になることは、仕事で高い評価と成功を引き寄せる最も確実な方法なのです。創造的ビジネスマンでも、自分一人で仕事をやっていける人はいません。大きな会社も小さな会社も、正直で忠誠心があり信頼できる活発で創造的な社員を探しているのです。

⚜創造的才能を伸ばす

毎日、創意工夫をし、そして仕事上必要とされる知識と経験を身につけなければなりません。創造的思考は、毎日少なくとも三十分、「神の静寂」の中に入ることでつくりだされます。また創造的思考とは、どのように自分の一連の仕事を改善することができるか、また、仕事の上で、自分がどうすればより大きな責任を負う地位にふさわしくなれるかを見いだすことに、あらゆる知恵と集中力を傾けるということなのです。

職場で昇進のチャンスがあるなら、雇い主のビジネスがうまく行くことのために自分の創造的能力を使い続けるべきです。しかし、もし自分の仕事が機械的で将来性がまったくないならば、興味をもてる職場であなたの創造的能力を伸ばすべきです。現在の仕事を止めるのは、好きになれる職場でポストを得られることが確かめてからにすべきです。

もし集中力と創造性を伸ばせば、どんな種類の仕事でも、大好きになることができますし、またどんな方面に向かおうとも、自分の有用性と成功を引き出すことができます。しかし、創造性は、新たに関心をもたなければならない仕事ではなく、あなたが本能的に引きつけられる仕事において用いられる方がさらによいでしょう。

もし他人のために働くのが好きでないなら、雇用主と被雇用者の二役を学ばなければなりません。そのための完全な知識と経験を入手するには、実際的で堅実なビジネスの一部門で、あなたの創造性を活用してみなければなりません。働くことで、また、お金を借りることで、自分のビジネスのための元手を貯えられるよう、創造的な集中力を発揮し、そして、つつましい生活をしてお金を貯金するのです。

非生産的、非知的頭脳といった生まれつきの欠点を取り除けるのは、瞑想と創造的思考を発揮することによってのみです。神との接触は、成功を妨げるあらゆる人間的限界を取り除くことができるのです。瞑想中は、神からの成功の波動、そしてまた世界中の成功者からの波動の受けとり方を学んでください。

創造性を発揮することは無限の成功領域へとあなたを導くのです。仕事や関わっているビジネスのために日々考え続けることによって、またビジネストレーニングと学校や職場の経験によって、ビジネスの知識が百倍にも拡大していくのが感じられるはずです。

獲得されたビジネスの能力は知恵によって、またいつも創意工夫することによって伸ばされなければなりません。創造的思考の領域に深く入り込むなら、ビジネスの一から十のすべてを習得し、考え得る最高の方法でどんなビジネスでもやり通すことができるようになります。創造的知性を発揮することで、間接経費を切り詰め、よりよい生産、広告、販売、流通の方法を見いだしてください。

ビジネスにおける利己主義

利己主義は、形而上学的な意味において、大いなる過誤と言うべきものです。それは利己追求企業を、周期的な不況と不当なインフレの苦悩に陥れています。

6

Success in the Workplace

もし世界のすべてのビジネスマンが利己主義であれば、それぞれ何百万という敵意ある競争相手をもつことになります。しかし、それぞれが自分の成功の中に他者の成功をも含めた成功をしたいと思うなら、その時何百万という援助の手を差し出すビジネス上の友人をもつことができます。「一人ひとりが万人のために」はビジネスにおけるまさに真の成功と喜びをもたらすモットーなのです。

最も重要な仕事

人は何が最も重要な仕事なのかよく考え、計画を立てる必要があります。ビジネス上の約束された仕事は重要です。ですから人は、その仕事のために、それにおとらず重要であるべき日々の身体の運動や、瞑想によって平和にひたり神経や心をリラックスさせることを犠牲にします。仕事上でやるべきことがいつも考慮されるべきものの先頭に来ます。確かにそうしたものは、「彼方なる神秘」へと招かれるまでは最も重要なものとしてあり続けるかもしれません。しかし私は霊的進化と繁栄とは等しく大切だと訴えます。霊的希求がビジネスへの熱中によって無視されることはよいことだとは思いません。

多くの人が、人は日夜仕事に専念しなければ、立ち遅れてしまうと思っています。これは本当ではありません。仕事一辺倒で人生の他のやるべきことを忘れている人は、本当に成功した人とは言えません。人生を公平に正しく、成功裡に送るには高度の技能が必要とされます。お金のことだけに関わっている人は神から置いていかれてしまいます。

しかしながら、神は空腹の痛みを与えて、肉体を維持するためにはお金を儲けなければならないと、大きな声で我々に思い出させるのです。

6

Success in the Workplace

しかし肉体を全力で維持することを人生の目的とすべきではありません。黄金の器で食事をしようと普通の器で食事しようと違いはありません。どちらでも空腹を満たしてくれます。ならば自分で作り上げた無用の欲望を幾倍にもして、なぜ無くても困らない物を求めて日夜働き続けるのですか?

仕事に従事することは重要です。しかし他者に奉仕するという仕事、そして瞑想をするということはもっと重要です。あなたの神性を進化させるための時間を、空腹を満たすために忙しすぎてとれませんなどと言ってはなりません。より重要ではないことに専念して自己満足し、叡知を深めるという一番重要なことをないがしろにする頑固な悪習を打ち破るのです。他人《ひと》はしばしば、重要な従事と称される無駄でつまらないことにあなたを取り込んでしまいますが、誰もあなたの行動の責任を取ってはくれません。

「過剰な活動」も「怠惰」もどちらもみじめな結果を招きます。現代人にとって今、何世紀にもわたる眠りから目覚め、自分の人生に合理的、計画的に取り組む時です。現代人は科学や心理学や組織論を、物質界での快適さのため、ビジネスに適用することを既に学んでいるので、計画的科学的思考を、健康と繁栄、叡知そして社会生活を向上させることに適用すべきです。そのために、すべての時間をビジネスに費やしてはなりません。すべての時間を費やしたとしても、物質的快適さが保証される可能性があるにすぎないからです。

人々は、贅沢すぎる生活は、それに伴い神経と脳エネルギーの使用を増加させることで寿命を縮めていることを知りません。ほとんどの人はお金儲けにあまりに夢中になっていて、既に手にした快適さを楽しむことさえできないのです。

6

Success in the Workplace

ビジネス上での従業員や取引先の選び方

どんなビジネスであれ、真の成功は、正しい経営者《リーダー》と適正な取引先そして正しい経営と正しいビジネス環境に依存しています。一人だけで営まれるビジネスもいくらかはありますが、ほとんどのビジネスは、それぞれ判断力をもつ関係者のグループとして運営される必要があります。一人でやっていたビジネスも拡大し始めたなら、従業員を雇用しなければならないかもしれません。しかし誰を雇用しようと、いつも自分のビジネスの支配権は自分の手の内に保持すべきです。

ほとんどの事業会社は、適正な従業員や取引先に欠けることによって失敗しています。従業員の採用には、今までの成功とその創造的知性の経歴を見るべきです。言葉巧みではあるが不誠実であったり、感情に支配されやすい取引先は避けなければなりません。そのような人は、たとえ大打撃を与えないまでも、ビジネスの発展を妨げることになります。

優れた従業員や取引先を選ぶためには人からの情報だけに頼るのではなく、鋭い観察、知性、公平な心、そして直感に頼らなければなりません。また、決める前にその人のホロスコープを調べるのもいいかもしれません。もしホロスコープを正しく読むことができるなら、その星々はその人の過去生の善い習性、悪い習慣を示しています。その星々は現世での天性と遺伝的傾向として現れています。

⚜人格と能力のテスト

ビジネスを営むには、あなたのビジネスを自分のビジネスとし、あなたの

6

Success in the Workplace

大望を自分の大望とするような人で、正直で忠実、友好的で知的な仲間を引き寄せるのが最善の方法です。創造的能力、知性、それ以上に仕事仲間として、信頼性を求めなさい。

仕事仲間の誠実さを当然視するべきではありません。必ず直接に、または友人や調査員による間接的方法でその人を試す必要があります。その人に誘惑の誘いをかけ、どのように反応するかを見てください。友人を通して仕事仲間に、あなたの悪口を言うように試みて、彼らがどう反応するかを見極めなさい。小さな失敗の二度や三度は許してあげても、決して背信行為を見過ごしてはなりません。あなたを騙すような仕事仲間は、最も予期せぬときに同じ行為を繰り返し、取り返しのつかない損害を与える可能性があります。

仕事仲間が浪費家で、大酒飲みであったり、道徳的ふるまいを批判されても臆面もない態度を示すなら、何度かは大目に見て改悛の機会を与えるとしても、もし悔い改めるしるしが見えないなら関係を断つべきです。

理解の遅い人、あるいは頭や身体を使うことを怠ける者を雇用してはなりません。頭を使うことを怠ける者はぶつぶつ不平を言って、創意工夫やプランニングとか、ビジネスの成功のためにものを考えることを大層なエネルギーの消費だと思うからです。

ビジネスの人間関係における正直と忠誠

正直でない人をいつまでも雇用してはなりません。そのような人がビジネスに与える影響は計り知れません。必ず以前の雇用者からその性格、能力そして正直さに関して聞いておいてください。一方、もしあなたが被雇用者として、新たに雇い主になる人に関するよくない噂を度々聞くなら、その雇い主からは完全に離れるようにしなければなりません。

友人に、友人だからという理由で、決してあなたを利用させてはなりません。ビジネスは厳密にビジネスの原則に沿って行わなければなりません。困難な時に力になってくれるビジネス仲間は最高の友人です。あなたの指図を聞かず忠告に従わないような友人を、親密さゆえにビジネスに引き入れるのは間違いです。

⚜目を通して性格を読む

・直感による方法

個人の歴史はその人の脳にあります。そしてそれは目に反映され、それが性格、習慣、そして、個の魂を表します。落ち着かない、信頼できない目、陰険な目、そしてずるそうな皮肉っぽい反抗的な目に用心しなさい。憎しみを発している目、率直さの欠ける目に用心しなさい。その人の目をまじまじと見た後、もし直感的に思わず恐れを感じるようなら、その人には要注意です。

・霊的方法

深い瞑想の後、眉間に意識を集中して、採用しようとする人、あるいはビジネスパートナーの目を視覚化してください。心でどう感じるかを確かめてください。もし恐れを感じるようなら、その人と関わりをもってはなりません。

6

Success in the Workplace

・第一印象

はじめて人と会う時は、偏りのない魂を保持し、対面している人の目の奥を見通してください。心が穏やかで受容的でいられるなら、あなたの第一印象に従っても間違いありません。

・磁力による方法

深い瞑想の後、こう祈ってください。

「父よ、どうか適正な仕事仲間をもたらしてください。あなたの恩寵により強められし我が霊的磁力によって」。

第7章

成功の物語

ヨガナンダとクーリッジ大統領。ホワイトハウスにて

⚜聖者の叡知

巡礼に出かけようとしていたある日、聖者にこう言われました。「食べ物を誰にも求めてはならぬ。お金も、誰からも親からさえも受けとってはならない」。私は聞き返しました「しかし、何も食べ物が得られないなら私は飢え死にしてしまいます」。聖者は答えました。「ならば死ぬのだ。生きているのは神の力によってであり、パンによってではないことを、お前は死を賭して知らねばならない」。

忘れてはなりません。私たちは皆、まさに神のパワーによって生きているということを。そのことを理解するなら、全世界はあなたの意のままに従います。まず、自分自身の神性を当然の権利として求め、そして神と一体になるのです。まず神の手から祝福を受けとり、そしてすべてのパワー、祝福、富、そして健康は、神からやって来ていることを知るのです。

7

Stories of Success

大きな蛙と小さな蛙

大きな太った蛙と小さな蛙が、深くて内側がつるつるの牛乳桶に落ちました。蛙たちは何時間も外に出ようと泳ぎました。やがて疲れきった大きな蛙は、呻きながら「ちび君、俺はもう諦めるよ！」そう言って桶の底に沈んでしまいました。

小さな蛙は自分に言いました。「諦めれば死んでしまう。だから絶対に泳ぎ続けるのだ」と。二時間が過ぎて、小さな蛙も、もうこれ以上は泳げないと思いました。しかし、死んでしまった仲間の蛙のことを思いながら「諦めれば間違いなく死んでしまう。でも僕は諦めたりしない。生きている間はまだ希望があるから頑張るぞ」と言いながら意志を奮いたたせました。

固い意志に我を忘れて、小さな蛙は足を掻き続けました。何時間もたって疲れてしまい、足がしびれてもはや掻くこともできなくなったその時、蛙は突然自分の足の下に大きな塊があるのに気付きました。絶え間ない水掻きが牛乳をバターに変えたのです。大喜びでバターの塊の上に立つと、小さな蛙は牛乳桶から跳び出し自由になったのです。

忘れてはなりません。この二匹の蛙のように、私たちは皆、人生というつるつるした牛乳桶の中にいて、困難から自由になろうともがいているのです。ほとんどの人は努力を諦め大きな蛙のように失敗します。しかし私たちがひとつのゴールに向かおうとするのなら、小さな蛙がしたような忍耐を学び、そして、神に導かれたゆるぎない意志の力によって掻きまわし、好機を生じさせなければなりません。その時、試練の牛乳桶から永遠の成功の安全地帯へと跳び出すことができるのです。努力を諦めないことで、意志の力が強化され、どんな仕事に取り組んでも勝利するのです。

⚜勝利は正しい方法によって得られる

若者が私のところに来て「どんなビジネスを始めてみても、いつも失敗してしまうのです」と助けを求めてきました。私はこう助言しました「瞑想しなさい。そして『私は毎日毎日ますますお金持ちになります』と口に出して大きな声で言いなさい」と。若者は私の指示に従って努力しました。しかし約一カ月たってまたやって来て、「効き目がありません。ますます貧乏になっていきます」と言うのです。

そこで聞きました。「声に出して言っている時、本当は心の片隅でいつも『お人よしのおバカさん、毎日毎日貧乏になっているのが分かっているのに』と囁いているのではありませんか」。「そのとおりです」と若者は答えました。

私は語気を強めて言いました「声に出すアファメーションというものは、心の底からそう思っていなければなりません。心がいつもその真剣さで満たされていなければならないのです。どんな時もそれを、自信をもって本気で言わなければなりません。これは大いにあなたの意志力を鼓舞することになります。さらに、問題解決のための段階的計画も立てる必要があります。というのも、あなたは神なる法則に導かれるようになるからです。つまり、あなたに繁栄をもたらすのは、創造していく力、現在の生まれもつ環境、そして過去の善いカルマですが、もしその神なる法則を捉え、その力を利用するなら、悪いカルマや環境の制約など破壊してしまうのです」。

若者に私と一緒に瞑想するように言いました。そして神と触れる内なる幸せを彼が感じているのが分かった時、私は「さあ、今度はうまく行きますよ」と言いました。それでも疑って「うまく行くとは信じられません」と彼は言いました。

「よろしい、じゃあ、あなたと一緒に二週間で五千ドル儲けることにします」。

「私と一緒に五千ドル！」彼は驚きました。

「本当です。一緒に瞑想しましょう。そして五千ドル儲けるために、私たちのお金をどのように投資したらよいか神に尋ねましょう」と言いました。二人は、瞑想しながら神からの接触が感じられるまで坐っていました。神の接触が感じられた時、私は言いました「父よ、どうすればよいか教えてください」と。瞑想中、二軒の家が見えました。私たちはその二軒の家を買ったのです。するとまもなくある人がその家を欲しがり、払ったより五千ドル多く支払ってくれたのです。

人はいつも神のパワーに導かれるようにしなければなりません。そのパワーは間違うことがありません。私が感じ取るようにあなたが感じ取り、私が見るようにあなたの中を、またあなたの言葉を、頭脳を、そして思考の中を流れる精妙なパワーを、あなたも見るようにするのです。すべての思考は神の光が通る経路です。「神の奔流」があなたの中に流れ込むことができるよう心を大きく開いてください。

神の恩寵

一九二五年に、私がサンフランシスコで連続講義を始めた時、銀行にはたった二百ドルしかありませんでした。その他には基金も資金援助してくれそうな団体もありませんでした。秘書をしてくれた男に二百ドルしか銀行にないと言った時、ひっくり返らんばかりでした。私は言いました。「どうしたというのです。神は私たちと共にあります。神がいま私たちから去っていくことはありません。七日間以内に、必要とするすべてのお金を与えてくれます」と。

二、三日後に、パレスホテルの前を歩いていると、一人の男が近づいてきて言いました「あなたを手伝いたい」と。「でも、あなたは私を知りもしないでしょう」と私が言うと、「あなたの目を見れば分かります」と答えて、すぐさま二万七千ドルの小切手を切ったのです。このお金が「インナー・カルチャー・マガジン」の出版を始めるために使われることになったのです。

7

Stories of Success

富を求めた目の不自由な男

アクバル大王はインドの偉大な王の一人です。彼は統治の慈悲深さによって、また失われたかつての広大な帝国の回復を一心に求める熱意によって、「人民の守護者」と呼ばれました。この博愛の王はいたる所の貧しい人や団体に降るがごとく徳を施しました。

ある時、王の行列が大通りを通っている時、王は少し離れたところに坐り、

施しを求める目の不自由な二人がいるのが目に留まりました。王は様子を見るため乗り物を止めました。一人目の目の不自由な男は

「王が与える者のみが豊かになる」と声をあげていました。二番目の男は

「神が与える者のみが豊かになる」と叫んでいました。

王の行列が大通りを通る時、王からの富とそして神からの富を求めるという二つの声をいつも聞いていたのです。やがて王は最初の男の「王が与える者のみが豊かになる」と言うのを嬉しく思い、金塊を詰めたパンを焼くように命じ、その大きなパンを最初の目の不自由な男に与えました。二番目の神のみが豊かにしてくれると言う男の方はまったく無視しました。

数週間の狩猟の旅の帰りに、王はまた例の大通りを通り、金塊入りのパンを与えた最初の目の不自由な男のところまでやってきました。男はまだ「王が与える者のみが豊かになる」と大声で叫んでいたので、王は尋ねました。

「君に与えたパンはいったいどうしたのだ」

男は答えました。

「陛下、頂いたパンはあまりに重たかったのでよく焼けてないと思いました。ですからもう一人の目の不自由な男に十セントで売ってしまいました。十セントも受けとって私は幸せでした」

二番目の男は、もはや通りにはいませんでした。調べさせてみると、男からパンを渡された妻がパンを開いて金塊を見つけたということが分かりました。それで家を買ったということです。

これを知ると、王は内心恥じながら最初の男に向かって、

「おろか者め、金塊の詰まったパンを、お前の友達に取られてしまったではないか。これからはモットーを変えて『神が与える者のみが豊かになる』と叫ぶがよい」と叱りました。

この話は素晴らしい教訓を含んでいます。今日、何百万という人々が、富は、銀行や工場や仕事から、また個人の能力によって得られると思っていま

す。しかし、※この度の大恐慌で、アメリカというこの国は地球上で最も繁栄しながら飢えている国であることが証明されました。地上で最も豊かな国が、何の国家的大災害なくして、突然貧困に陥りうるのであれば、我々の肉体的、精神的、霊的そして金銭的生活を支配する何か別の神なる法則があることを証明しているわけです。

毎日が健康と豊かさ、聡明さと喜びの中にいられるよう努力しなければなりません。他人の健康、富、喜びを奪うことによってではなく、自分の行動をよく見極め計画を立てることで、そうするのです。自分をよりよく、より幸せにする努力をしながら、他者もよりよく、より幸せにするために努力してください。

「天なる父よ、私たちに祝福をお与えください。あなたをいつも憶えていられるようにするために。そうしてすべてはあなたから流れ来ることを、どうか忘れないようにさせてください」。

そのように真剣に祈りなさい。

※この文は一九三四年に書かれています

7

Stories of Success

神の仕事に奉仕するため、お金を正直に、そして上手に儲ける術《すべ》は、神を見つける技法に次いで重要な能力です。

神と神の仕事のため、また、他者を幸せにするために、利己的でなく正直に、かつ素早く十分なお金を儲けることは、物質的にも霊的にも、あなたの助けになる人格的属性の進化を促してくれます。

第8章

第一に、神の王国を求めよ

カリフォルニア州エンシニータス海岸で瞑想するヨガナンダ

まず十分な豊かさがありさえすれば、神のことを考えることができるのにと、ほとんどの人は思っています。しかし、まず第一に神がおかれなければなりません。もしあなたがひとたび神と強烈な繋がりをもつなら、宇宙の豊かさはあなたの思うままになるのです。神は「与える存在」であることを忘れてはなりません。

あなたの失敗がどんなものであれ、関係ありません。全意識が神へと、大いなる静寂へと向けられるその時、あなたは神と共にいます。人生のすべての義務を、何ものにも心を乱すことなく喜んで果たす時、その時あなたは霊的喜びを手に入れるのです。

あなたは、まさに神のパワーによって生きていられるのです。神が突然この国の気候を変えてしまったと想像してみてください。どのように生きていきますか？　どこで食物を見つけますか？　神はあなたに与えた生命の維持者であることを忘れてはなりません。神は生命を、食物に依存するように創ら

8

"Seek Ye First the Kingdom of God"

れましたが、それでも神は直接の維持者なのです。神はすべての根本原因です。ですから、神との繋がりを失うと、どうしても苦しみが生じるのです。

ヨギたちは、神は自分の外側に発見されるものではないことを知っています。しかしあなたもまた、もし魂の奥深く神殿へと入っていくなら、「この世界の誰も天なる父ほど、私の健康、繁栄、幸福のことを気にかけてくれる人はいない。神はいつも私とともにいる」と言うことができるのです。

繁栄を求めるのに、決して人を当てにしてはなりません。なぜなら神こそが、繁栄と健康、パワーと不死の源泉だからです。ヨギは言います「内なる世界で解き放たれよ。神がすべてをもたらすことを覚れ。貧困意識の中に生きるなかれ」と。

神がすべてをもたらすということ、そしてあなたは完全に神に依存しているということに気付いた時、真の繁栄を手に入るのです。その意識をもつなら、何が起きても気にならなくなります。それはあなたが神の不滅の腕に抱かれているからです。イエスにお金はありませんでしたが、世界中で一番幸福でした。イエスは神と共にあり、神がすべてをもたらしてくれることを知っていたからです。

人は恐れの想念によって成功への能力を麻痺させています。成功と心身の完全性は人間の生まれながらの属性です。なぜなら人は神の似姿に創られているからです。しかしながら、生来の権利を要求するには、人はまず最初に、自分自身がもうけた幻想にすぎない限界を取り除かなければなりません。

8

"Seek Ye First the Kingdom of God"

神はすべてを所有しています。ですから、いつも神の子供として父に属するものすべてはあなたも所有しているのです。父親の所有物すべてはあなたも利用できるということを知るなら、完全な満足感を得ることができます。人の生まれながらの相続財産は完全さと豊かさです。なのに、人は不完全さと貧しさの方を選ぶのです。すべてを所有する感覚をあなたの心の習慣にしなければなりません。

全能への道、つまり健康、富、平和、叡知の獲得への最も確実な方法は、しかるべき願いが満たされるという形で、神の答えを受けとるまで、心の静寂のマイクロホンで神への願いを放送し続けることです。しかしいつも、神は自から助けるものを助けるということを憶えておいてください。人が目的を成就するためには、あらゆる努力をしなければならないのです。

成功を視覚化《ヴィジュアライゼーション》したり、アファメーションすることで潜在意識を強化できます。そのことが今度は顕在意識に自信を与えてくれるのです。しかし顕在意識は、まだこれから成功を遂げる必要があるので、原因と結果の法則によっ

8

"Seek Ye First
the Kingdom of God"

て困難も強いられます。顕在意識には、決定的な成功をもたらすために、人のカルマを変えるということはできません。しかし、もし人間の意識が神と触れることができるなら、その時、超意識は神の無限のパワーによって成功を確かなものにするのです。

神の豊かさは強力で、すがすがしい雨なのです。その雨は、あなたの手にもつ容器がどんなものであれ受けとることができます。もし、空き缶を差し出した者にはそれが満たされ、大樽をささげた者にはそれが満たされます。神の豊かさに対しあなたはどんな容器をささげますか？ もしかするとあなたの容器に穴が開いているかもしれません。そうであるなら、すべての恐れ、憎しみ、疑い、そして妬みを投げ捨てることで、その穴を塞ぎ、平和、静けさ、一途さ、そして愛の水域で浄化してください。

神なる豊かさは、奉仕と惜しみない心の法則に従います。与えなさい、そうすれば受けとります。世界に、あなたのもつ最高《ベスト》のものを与えなさい。

そうすれば最高《ベスト》のものが、あなたのところに戻ってきます。

すべての豊かさは、今生と過去生の原因と結果の法則に従って量られ、分配されます。これがなぜ、ある人は貧乏だったり不健康だったり、一方ある人は健康で豊かであるかの理由なのです。人はもともと自由意志をもち神と同等の成就のパワーをもつ者として、神の姿にかたどられて創られた神の子供でした。人は神に与えられた知と意志のパワーを誤用したことで、行為（カルマ）の法則に支配されるようになり、その生命に限界をもうけることになったのです。人の成功は知性や能力に影響されるだけではなく、過去の行為の性質にも影響されるのです。しかし、好ましくない過去の行為の結果を克服するひとつの方法があります。そうした過去のカルマは、滅ぼされて、新しい方向へと動かす必要があるのです。

心理学者の中には誤ってヘンリー・フォードを視覚化することで、人はヘンリー・フォードになることができると教える人がいます。世界中の人々がどんなに強くフォードのことを視覚化しようと彼のようにはなれません。この地上と人の運命を支配しているカルマの法則によらないかぎり不可能なのです。

地上のすべての人が百万長者になれるわけではありませんが、すべての人が真剣な努力をすれば失われた神性を取り戻し神の子供になることができるのです。

豊かさへの最も確実な方法は、ただ単に強く祈りで乞うことではありません。それは神との一体性をまず確立し、その後で神の子としての神聖なる分け前を要求することです。イエスが「人々は間違ってパンをまず第一に求める。しかし、まず第一に神の王国を求めよ。そうすれば、すべてのもの、あらゆる繁栄は、求めずとも与えられるのだ」と言われたのはそのことです。

これは言うは易く行うは難いものですが、人はこの真理を人生の中で示すことを学ばなければなりません。イエスが「私と父はひとつである」と言われた時、体験からそう言われたということを忘れてはなりません。だからこそ、イエスは嵐に向かって止むように命じ、水をワインに変え、そして肉体的、精神的な苦痛を癒すことができたのです。イエスは霊的に成功を遂げていた、それゆえに、精神的、物質的成功を遂げる技術を知っていたのです。

8

"Seek Ye First the Kingdom of God"

強力な集中力をもつ人は、その精神力を正しい成功のために、正しいところへ仕向けてもらうよう神に頼んでください。消極的な人は神がすべてをやってくれるよう望みます。また利己主義者は自分の成功のすべてを自分に帰します。消極的な人は、自分の中にある神の知性のパワーを使おうとしません。利己主義者《エゴイスト》は神授の知力を使うけれども、何に使われるべきかという神の指示をないがしろにします。

あなたは消極的であることも、利己的であることも避ける必要があります。成功のためには、早朝と就寝前に進んで神に触れる機会をつくらなければなりません。

金銭的渇望と霊的渇望を調和させてください。どちらにも他方を支配させてはなりません。肉体を養うのに忙しすぎて、瞑想あるいは霊的奉仕活動の時間がなくなるようなことをしてはなりません。一方、自分はあまりに霊的なので物質的成功は望めないなどと思わないでください。物質界で成功できない人は天界に入ることはできません。物質界を無視する霊的利己主義者は、精神的バランスが狂うという形の罰を受けます。すべての物質界の仕事は同胞の存在への奉仕であるべきものです。

偏ってはなりません。計画的な生活を送り、やるべきことは優先的に為してください。重要性に応じて（やるべきことは、喜びと誇りをもって為され

8

"Seek Ye First the Kingdom of God"

るべきです。負債を返済するような感覚ではなく）霊的かつ道徳的義務の意識は、心の中で他のすべての義務を越えて圧倒的に支配的であるべきものです。知的義務は物質的義務より上位のものです。物質的義務は非常に大切であり、それは社会のため、国家のため、そして世界のための義務によって補強される必要があります。

もし、心のマイクロホンが、静まることのない心で痛み壊れているとしたなら、魂のメッセージが神に届くことはありません。ですから、心の静寂が得られるまで、朝と眠る前に深い沈黙を実践することによって、それを修復しなければなりません。静寂によって心のマイクロホンが修復されたなら、「我が天なる父と私はひとつです」と、心の底から宣言《アファメーション》してください。そうすれば、ついには、瞑想で、とめどなく広がる平和によって神の応答を感じることができるのです。平和と至福がますます広がることは、神の接触と応答の最も確実な証明なのです。

あなたのメッセージ「我が天なる父と私はひとつです」を、すべてを癒す神の圧倒的至福が感じられるほどまでに天空に向けて放送しなければなりません。このことが起きた時、あなたは神に触れることができるのです。そうした後に「父よ、私はあなたの子です。私を正当な豊かさへとお導きください」と宣言することによって、あなたの神聖な権利を要求してください。

最初から意志を働かせ行動に移すのではなく、まず神とコンタクトし、そうして意志と行動を正しいゴールへと結びつけるのです。

8

"Seek Ye First the Kingdom of God"

マイクロホンで誰かに呼びかけておいて、その後どこかへ行ってしまうなら、応答を得ることはできません。ですから、同様にあなたも呼びかけておいてどこかへ行ってしまうのではなく、神の声を聞き届けるまで静かな心のマイクロホンで、祈りを神へと放送し続けなければなりません。しかし、応答を必ず受けとる決意をもって祈る人はほんのわずかしかいないのです。

健康、富、平和、そして叡知を手に入れる一番確実な方法は、何よりもまず失われた神性を取り戻すことなのです。瞑想によって高められた至福の中で、静かな心のマイクロホンを使い、神の応答を受けとるまで神へのメッセージを放送し続けることによって、そうするのです。

霊的であれ物質的であれ、それへの欲求を「宇宙波動」（瞑想のオームテクニックの実践のなかで聴き感じることのできるものですが）の流れにゆだねるのです。欲求は「宇宙波動」と意識的なコンタクトができたときに実現されます。何よりも優先すべき「神といつも接していたい」という欲求をもってください。この至高の欲求を「宇宙波動」の中に何度も何度も放ってください。神を手に入れることは、すべてを得ることなのです。

毎朝、仕事に出る前に、このように宣言《アファメーション》してください。「主よ、あなたは

8

"Seek Ye First the Kingdom of God"

私をこの世にもたらした方です。あなたの豊かさを私に顕してください。父よ、あなたは私の富です。私は富者です。あなたはすべての所有者です。私はあなたの子です。あなたのもつものすべてを私はもっています」。

神の法則に従って生きることを忘れてはなりません。そうすれば神は道を示してくださいます。

この世の富は消滅しうるものです。しかし神の富は不滅です。何百万回の転生であなたの魂は苦しんできました。解決への唯一の道は神を発見することです。神とともにいるなら、世界中のすべての富にまさる深い喜びを発見します。宇宙なる父の子として言ってください。「地上の富はおもちゃに過ぎません。私は富める者。なぜなら私は神とともにいるからです」。何よりもまず、神を確かなものとしなさい。そうすれば、とこしえの富が今生とさらに先まで、あなたのものとなるでしょう。

◆ 著者紹介

パラマハンサ・ヨガナンダ *Paramhansa Yogananda*

パラマハンサ・ヨガナンダは、
古代インドの哲人や賢者の神髄を体現した人物であり、
インドの栄光である　　――スワミ・シバナンダ

パラマハンサ・ヨガナンダは、1893年インドに生まれ、真我覚醒のインド古代科学を西洋にもたらすべく、若年のころより訓練された。1920年、後に何百万人もの人々の人生に触れ世界的広がりをもつことになる仕事を始めるべく、アメリカ合衆国に渡った。彼の伝えるインドの霊的教え、そして解放をもたらすヨガのテクニックは、多くのアメリカ人の心の渇望を満たすこととなった。

1946年には、後に誰もが知る霊性の書になると同時に、20世紀における最も愛される書の一つになる「あるヨギの自叙伝」を出版。さらに、世界的に広く霊的仕事を展開するための本部の設立、多くの書籍や学習教程の執筆、合衆国のほとんどの大都市での講演、作詩や作曲、そして弟子たちへの教育訓練などを行った。彼はカルヴィン・クーリッジ大統領によってホワイト・ハウスに招待されている。また最高位の瞑想テクニックであるクリヤ・ヨガをマハトマ・ガンジーに授けている。

ヨガナンダが西洋にもたらしたメッセージで強調されている点は、すべての宗教は一つであること、そして瞑想の科学的方法に裏付けられ、霊性に導かれた信仰の大切さである。

◆ 訳者紹介

廣常仁慧 *Jinkei Hirotsune*

神戸大学経営学部卒。会社経営のかたわら、ひとびとの霊的覚醒に資する書物の翻訳にたずさわる。他の訳書に、「世界を変えた奇跡の祈り」「ブッダの語る覚醒への光の道」「パラマハンサ・ヨガナンダとの対話」「パラマハンサ・ヨガナンダの喜びの源泉」

三雅刊。

<叡知シリーズ>
パラマハンサ・ヨガナンダの
成功の黄金律

2011年7月11日　初版発行
2014年9月21日　第二刷発行

著者／パラマハンサ・ヨガナンダ
訳　者／廣常仁慧
発行人／広常豊子
装　丁／鳥羽麻里子

発行元／株式会社 三雅《みつまさ》
〒700-0903 岡山市北区幸町3-3　三雅ビル3F
TEL 086-225-2346 FAX 086-225-2387
E-mail mitsumasa@oops.co.jp
URL http://www.oops.co.jp/

発売所／星雲社
〒112-0012 東京都文京区大塚3-21-10
TEL 03-3947-1021 FAX 03-3947-1617

印刷所／広和印刷株式会社
落丁・乱丁本はお取り替えいたします。

Printed in Japan
ISBN978-4-434-15829-2

ボブ・フィックス著
森　晴季訳
定価 2,000 円 + 税
250ページ

アセンション　時は満ちて…

これはアセンデッドマスターたちからの全人類へのメッセージ、愛の贈物です。本書の目的は、アセンションしたマスターたちを強調することではありません。あなた方一人ひとりが、内に秘められたマスターの資質に目覚め、それを発展させることなのです。マスターの言葉は高い波動息づくチューナーとなり、あなたを真我の次元に結びつけ、さらに宇宙普遍の英知の故郷へ導いてくれるでしょう。

（ボブ・フィックス）

ボブ・フィックス著
下山恵理菜訳
定価 2,300 円 + 税
289ページ

時を超える聖伝説

失われたレムリア・アトランティスの聖なる魂の歴史が 蓮の花びらが開くがごとくアセンデッド・マスター マーリンより、今明かされる……。

これは大いなる喜びとパワーの旅。秘密を紐解き、記憶を再び蘇らせる旅。地球の歴史と人類の魂を目覚めさせる旅。いまベールが取払われ、全てがここに蘇りいにしえの叡智が再び浮上する。これは魔法。魂を揺さぶる真の魔法の物語！

（マーリン）

ジェームス・トワイマン著
廣常仁慧訳
定価 1,900 円 + 税
233ページ

世界を変えた奇跡の祈り
聖フランシスの祈りの法則

聖フランシスの15の祈りの法則とは……

かつてムスリムとクリスチャンが対立した十字軍の時代、聖フランシスは祈りのパワーにより両者に和解をもたらした。平和の吟遊詩人ジェームス・トワイマンが本書の中で聖フランシスの祈りの秘密を解きあかし、一人ひとりが「平和の心」を体現することによりこの世界に変化をもたらすことのできるパワーを秘めていることを示している。

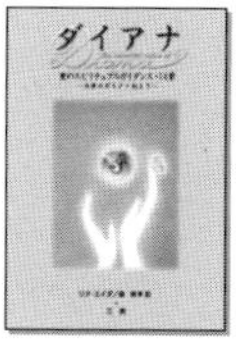

リタ・エイダ著
森　晴季訳
定価 2,000 円 + 税
222ページ

ダ　イ　ア　ナ
愛のスピリチュアルガイダンス・14章
天界のダイアナ妃より

英国話題の書、翻訳出版

これは英知と明晰さ、愛、そして高次のヴィジョンに満ちた類いまれなる書。そのなかでは、多くの重要で根源的なテーマを明らかにされており、それはきっと多くの霊的啓発をあなたにあたえてくれるでしょう。味わい読まれるべき一書です。

（アラン・コーエン）

◎本のお求めはお近くの書店、インターネット書店、または小社でも直接ご注文を承っております。